RAPPORT

SUR LES

PROGRÈS DE L'AGRICULTURE

ET DE L'INDUSTRIE

DANS L'ARRONDISSEMENT DES ANDELYS

PAR M. LOUIS PASSY

ÉVREUX

DE L'IMPRIMERIE D'AUGUSTE HÉRISSEY

1862

RAPPORT

SUR LES

PROGRÈS DE L'AGRICULTURE ET DE L'INDUSTRIE

DANS L'ARRONDISSEMENT DES ANDELYS

RAPPORT

SUR LES

PROGRÈS DE L'AGRICULTURE

ET DE L'INDUSTRIE

DANS L'ARRONDISSEMENT DES ANDELYS

PAR M. LOUIS PASSY

ÉVREUX

DE L'IMPRIMERIE D'AUGUSTE HÉRISSEY

1862

RAPPORT

SUR LES

PROGRÈS DE L'AGRICULTURE ET DE L'INDUSTRIE

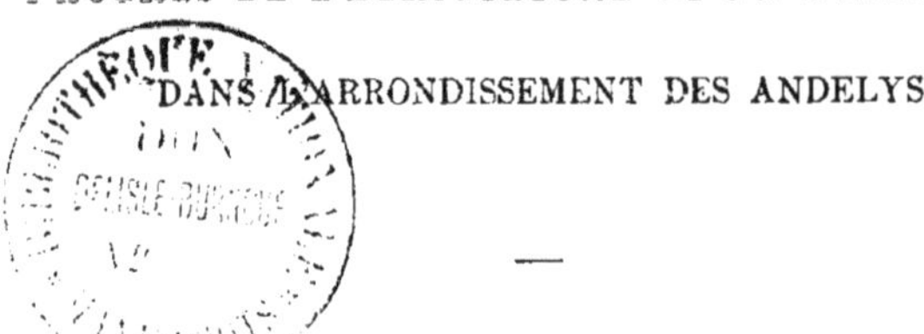

DANS L'ARRONDISSEMENT DES ANDELYS

—

MESSIEURS,

Je ne vous rappellerai pas comment, depuis quelques années, la section des Andelys semblait avoir abdiqué le rôle utile et glorieux qu'elle joue dans l'histoire de la Société libre de l'Eure. Les malheurs, la maladie, la mort de notre honoré président, M. de Vatimesnil, suffisent pour nous justifier; mais, tandis que nous demeurions insouciants et inactifs, le temps n'arrêtait point sa marche, et le règlement, ramenant bientôt dans notre arrondissement la solennité d'un concours départemental, nous rendait tout à coup la conscience de nos devoirs. Un nouveau président fut nommé, les comices cantonaux assemblés, la section réorganisée, et la ville des Andelys appelée à soutenir par une généreuse hospitalité la vieille réputation du Vexin normand.

Le concours de 1861 puise dans ces circonstances une véritable importance. Il inaugure, nous l'espérons, une longue période de réunions et de travaux.

Il se distingue entre tous par des innovations heureuses. Sur l'initiative de notre confrère, M. Mettais-Cartier, maire des Andelys, une exposition générale de tous les produits agricoles, horticoles et industriels de l'arrondissement est venue jeter sur le concours ordinaire de charrues et d'animaux un éclat inattendu. Rien n'a été épargné pour transformer la halle aux blés en une salle d'exposition, pour transformer la place de la Croix-du-Buet en un champ de concours. Le dirons-nous? Répéterons-nous ici les espérances que nous avons conçues? Grâce aux commissions chargées d'organiser la fête et composées : l'une, de MM. Gabriel Michel, Metton, Lauvray, Allinne, Sombret, Coutil père, Lamer, Leroux, Fessart fils, Lachèvre, Piquerel et de votre rapporteur; l'autre, de MM. Dumesnil, Fessart père, Lesage, Legendre, Aug. Hébert, Coutil fils, Dupas, Mettais, la journée du 22 septembre laissera de longs souvenirs et de précieux exemples à tout l'arrondissement des Andelys.

Ce n'est pas tout. Les concours et les expositions empruntent leur intérêt aux observations qu'ils provoquent, aux critiques qu'ils suggèrent, aux conclusions qu'ils posent. Jusqu'à ce jour nos réunions n'ont pas semblé dignes d'un de ces travaux d'ensemble qui, s'élevant au-dessus des détails, résument en quelques traits les progrès de l'agriculture ou de l'industrie. On les a considérées plutôt comme un spectacle que comme une leçon. On y a plutôt vu des fêtes agricoles, qu'il était nécessaire de renouveler pour le plaisir et l'instruction de tous, que des épreuves auxquelles l'état moral et matériel du pays était périodiquement soumis. Que faut-il faire, Messieurs, pour tirer d'un concours cet enseigne-

ment qui tout d'abord se dérobe à nos regards ?
Il faut étudier ce concours en lui-même; il faut le
comparer à ceux qui l'ont précédé; il faut, en un
mot, l'encadrer dans l'étude de l'histoire et de l'économie politique. Et, en effet, quand nous distribuons
des prix de culture perfectionnée, des prix de labourage, des prix de moralité; quand nous exposons les
instruments aratoires, les produits agricoles, horticoles, industriels, quel est notre but ? N'est-ce pas
de découvrir et de suivre ces mouvements incessants
que les événements politiques et économiques font
subir à la production nationale ? N'est-ce pas de mar-
quer les progrès véritables, de condamner les mauvaises pratiques, de récompenser les sérieux efforts,
de porter sur la situation des hommes et des choses,
des mœurs et des affaires, un jugement impartial ?
Si nous voulons juger le présent, commençons, Messieurs, par connaître le passé : un grain de blé représente une année de travail; une exposition représente plusieurs années de labeurs. Laissez-moi donc
rechercher avec vous, dans la voie que le concours des Andelys me trace, quelle a été, depuis
vingt ans, la marche de l'agriculture et de l'industrie dans notre arrondissement. Si nous trouvons
sur notre route des faits, des noms, des vérités
dignes d'être recueillis, honorés, proclamés, nous
aurons peut-être, dans la mesure de nos forces,
servi la cause de la prospérité publique.

I. — Agriculture

Les prix de culture perfectionnée, l'exposition des produits agricoles et horticoles, le concours de charrues, l'exposition des instruments aratoires, l'exposition des animaux nous fourniront l'occasion toute naturelle de pénétrer successivement dans tous les éléments de la production agricole.

I. — Prix de culture perfectionnée. — Exposition des produits agricoles et horticoles. — Au moment d'appeler votre attention sur ces prix de culture perfectionnée qui ont couronné tous les progrès agricoles et pour ainsi dire la culture du Vexin, je me trouve en présence de l'excellent rapport de notre confrère M. Picquenot. Vous avez trouvé dans ce rapport, vous y trouverez encore, sur les exploitations de MM. Bénard, à Guitry; Aug. Hébert, à Villers; Juhel, à Autrebosc; Lainay, à Gaillardbois; Fessart, à Mantelles; Lesage, à Cléry, une suite de renseignements dont la précision et la sagacité ne laissent rien à désirer. Peut-être aurais-je dû achever le travail de notre confrère, continuer la visite de nos exploitations, faire violence à la modestie de nos cultivateurs et comparer les travaux de ceux qui ont osé et de ceux qui n'ont pas osé disputer nos récompenses; mais cette comparaison n'aurait abouti qu'à des observations de détail, et, laissant de côté les hommes pour les faits, j'essayerai d'analyser, depuis vingt ans, dans l'arrondissement des Andelys, la nature et la portée du mouvement agri-

cole dont le dernier concours a été la dernière expression.

Recherchons d'abord quelle était et quelle est
l'étendue du domaine arable ; car, si les surfaces
soumises aux rotations agricoles ont envahi des terrains incultes, nous serons en droit de supposer des
besoins nouveaux dans la culture, de présumer une
augmentation dans la production. Pour me rendre
compte de cette question, j'ai relevé avec soin les
autorisations de défrichements délivrées depuis 1840
jusqu'en 1860, et j'ai constaté qu'elles embrassaient
3,701 hectares. Je ne me dissimule pas qu'un certain
nombre d'autorisations a dû échapper à mes recherches ; mais, d'autre part, toutes les autorisations n'ont
pas été mises à profit. Bref, nous pouvons affirmer
qu'en vingt ans plus de 3,000 hectares ont été ren-
dus à la culture. Voici maintenant dans quelle proportion chaque canton a pris part à cette vaste
opération. Le canton des Andelys offre un défrichement de 1,100 hectares, opéré principalement dans
les communes des Andelys, Harquency, Hennezis,
Bouafles, la Roquette et Daubeuf. Je rappelle avec
plaisir la médaille d'honneur décernée cette année
même à notre confrère M. Lesage, pour le défrichement de 30 hectares qu'il a fait à Cléry. Fleury suit
les Andelys avec 698 hectares, dont la majeure partie
dépend des communes de Fleury, Radepont, Perriers
et Bacqueville. Étrépagny lutte avec Fleury. Il compte
678 hectares, répartis surtout entre les communes
d'Étrépagny, Nojeon-le-Sec et Longchamps. C'est
dans le groupe de Neaufles, Dangu, Guerny, Noyers,
Vesly que Gisors prend ses 564 hectares. Écos balance Gisors. Sur les 519 hectares dont le défriche-

ment a été autorisé dans le canton d'Écos, 370 appartiennent à Mézières, Panilleuse et Heubécourt. Le canton de Lyons-la-Forêt ne compte que 142 hectares, presque tous défrichés, à Lisors, Morgny et Fleury-la-Forêt. Ainsi, la spéculation, non-seulement s'est emparée des petits bois isolés, mais elle a hardiment attaqué les forêts d'Étrépagny, de Bacqueville et des Andelys. L'administration paraît avoir secondé très-vivement ces idées de spéculation. Les autorisations ont été beaucoup plus nombreuses et beaucoup plus importantes de 1850 à 1860 que de 1840 à 1850. Sur les 3,701 hectares dont le défrichement a été autorisé, je trouve 2,868 hectares de 1850 à 1860 ; et quand même ces chiffres ne seraient pas tout à fait exacts, la différence que je signale entre les deux périodes et les deux administrations n'en resterait pas moins la même.

Le domaine arable s'est encore accru par la transformation d'un certain nombre d'hectares de marais, landes ou bruyères. On a beaucoup moins cherché à améliorer les terres incultes qu'à défricher des bois. Rien de plus naturel. D'une part, le défrichement promet un profit plus prompt et plus net, en exigeant moins de capitaux et de persévérance. De l'autre, la plus grande partie des terres incultes appartiennent aux communes qui ne peuvent pas porter dans la conduite de leurs affaires cet esprit d'initiative et d'industrie que crée et soutient seul l'intérêt personnel. Quelque temps avant la Révolution, un certain mouvement de spéculation avait menacé les terres incultes du Vexin. En 1762, une compagnie se forma pour exploiter plusieurs paroisses de l'élection de Gisors. En 1760, le sieur

Ladam demanda la concession de terres vagues à
Bézu-la-Forêt. En 1772, M. de Boisfranc, à Tilly;
en 1772 et 1775, M. Gobelet d'Haucourt, à Gasny,
Sainte-Geneviève-lès-Gasny et Giverny; en 1788, M. le
marquis de Rozay, à Ménesqueville; en 1788, le sieur
d'Hostel, à Flumesnil et à Mouflaines; en 1788, les
sieurs Foucoux et Lefèvre, à Pont-Saint-Pierre. Tous
ces projets restèrent sur le papier, et un état dressé
en 1819 par M. de Boury, sous préfet des Andelys,
doit constater, peut-être à la réserve de quelques
centaines d'hectares, l'étendue des terres incultes
de l'arrondissement vers 1789. Sur 2,723 hectares,
2,265 appartenaient en 1819 aux communes, 427
à des particuliers, et 31 au domaine. Les statistiques
de 1837 et de 1840 ne parlent pas des terres incultes;
mais la statistique de 1852 en fixe l'étendue à 2,219.
Depuis 1852, les renseignements font défaut. En continuant depuis 1852 la moyenne de 12 hectares par an,
on atteindrait le chiffre de 500 hectares. Je crois en
effet que le domaine arable, n'a pas conquis sur les
terres incultes, depuis 1819, plus de 500 hectares, et
sur les bois plus de 3,000. Total : 3,500 hectares.

On a vu que les communes étaient propriétaires
des quatre cinquièmes des terres incultes. Aussi est-
ce dans le cinquième appartenant à des particuliers
que le progrès s'est établi. Certaines communes ont
cependant fait de louables efforts pour améliorer
leurs biens : dans le canton de Gisors, par exemple.
En ce moment même, l'administration départementale et communale s'occupe sérieusement de ces
importantes questions. La vallée de l'Epte, depuis
Bouchevilliers jusqu'à Giverny, est l'objet d'études
consciencieuses et offre l'occasion des plus utiles

travaux. Les marais communaux de Neaufles, de Dangu, de Guerny doubleraient de valeur s'ils étaient soumis à des travaux combinés de marnage et de drainage. Depuis 1856, on travaille à assécher les marais de Château-sur-Epte et de Berthenonville. Conformément à la loi salutaire du 28 juillet 1860, les conseils municipaux de Sainte-Geneviève-lès-Gasny et de Giverny ont résolu, l'année dernière, d'assainir leurs pâtures communales.

J'ai parlé de drainage, et c'est en effet avec un système régulier de plantations le moyen le plus sûr de rendre à la production les terres mauvaises ou incultes de l'arrondissement. Je ne crois pas exagérer en disant que dans le canton de Gisors, surtout à Bazincourt, à Gisors, à Neaufles, à Dangu, à Authevernes, à Saint-Paër, 5,000 hectares pourraient être drainés. Dans le canton d'Écos, le sixième de la superficie : à Gasny, Bus-Saint-Remy, Cahaignes, Château-sur-Epte, Berthenonville, Civières, Écos, Dampsmesnil, Flumesnil, Fontenay, Fours, Fourges, Giverny, Panilleuse, Tourny. Dans le canton de Fleury-sur-Andelle, même proportion : le sixième de la superficie. Dans le canton de Lyons, quoique les terres n'y soient froides que par petites portions et que la marne y suffise à tous les besoins; dans le canton des Andelys : à Douville, au Thuit; dans le canton d'Étrépagny, sur le cours de la Bonde : à Doudeauville, à Puchay, le drainage ferait un grand effet. Depuis le concours ouvert par la Société de l'Eure en 1856, concours dans lequel ont été successivement nommés et couronnés : M. Allix, à Gasny; M. de Montreuil, l'ardent propagateur du drainage, à Thierceville; MM. Camus et Ernouf, à Mesnil-Verclives; Mme Bellanger, à Bonnemare ; M. de Lagrange, à Dangu, les travaux de drainage ont été fort rares dans notre arrondissement. Je ne puis ajouter à la liste trop courte des lauréats de 1856 que M. Bénard, à Guitry ; MM. Toutain et Quillet, à Doudeauville. Il vous appartient, Messieurs, de développer une pratique agricole qui n'amende pas, qui transforme le sol. L'état encourage le drainage et par des subsides et par des lois protectrices. Une machine à fabriquer les tuyaux est déposée au Thuit. Jadis vous décerniez des prix spéciaux à telle ou telle partie de l'exploitation rurale. Reprenez vos anciens usages. Donnez des prix de drainage. L'exemple du passé vous montre le chemin de l'avenir.

Après avoir montré dans quelle mesure le domaine agricole s'est étendu depuis vingt ans (environ 3,500 hectares), nous allons passer rapidement en revue les diverses cultures qui le composent. Nous prendrons pour terme de nos comparaisons la statistique de 1840 et la statistique de 1852, que l'administration vient de livrer cette année même (1862) à la publicité, et nous suivrons le mouvement général de la production agricole sur les statistiques inédites de 1857, 1858, 1859 et 1860. Divisons toutes les cultures en trois sections : celles qui sont restées stationnaires, celles qui ont décru, celles qui ont augmenté.

Parmi les cultures qui occupaient en 1852 et qui occupent aujourd'hui à peu près la même étendue qu'en 1840, nous citerons le froment, le seigle, l'orge, les prairies naturelles, les betteraves et la vigne.

Le froment embrassait, en 1837, 21,330 hectares, en 1840, 21,355, en 1852, 20,895, en 1857, 21,083, en 1859, 21,560 hectares. Ainsi, en vingt ans, dans des terres réputées terres à blé, le blé n'a gagné que 230 hectares.

Le seigle et l'orge sont cultivés, le seigle pour donner des liens, le seigle et l'orge pour contribuer à la nourriture des gens de la ferme. Aussi, le seigle, depuis 1837 jusqu'en 1860, a-t-il toujours occupé une même étendue de 2,900 à 2,600 hectares, et l'orge de 1,700 à 2,000 hectares.

On a défriché quelques prairies naturelles; on en soigne, on en fume, on en marne d'autres. Dans la vallée de l'Andelle, on a amélioré le système des irrigations; dans la vallée de l'Epte, on s'occupe de drainage. Cependant peu de progrès dans la qualité et une diminution dans l'étendue : en 1837, 2,855 hectares, en 1859, 2,246, c'est-à-dire 600 hectares défrichés et mis en culture, principalement dans les cantons de Gisors et d'Écos.

Tout le monde est d'accord sur les avantages que doit procurer la culture des plantes sarclées. Cette culture accompagne ordinairement la multiplication des bestiaux; et la multiplication des bestiaux est précisément le caractère nouveau de l'agriculture du Vexin. On s'étonnera peut-être que les statistiques ne nous montrent pas les plantes racines dans la même faveur que les plantes sarclées; mais la rareté de la main-d'œuvre a longtemps pesé sur cette culture. Aujourd'hui même, les bras feraient encore défaut si l'on voulait multiplier les opérations indispensables du sarclage. Les betteraves étaient établies, en 1837, sur 206 hectares; en 1852, sur 216.

Elles l'étaient encore, en 1859, sur 202 hectares. Quant aux racines et légumes divers, tels que carottes, choux, raves, topinambours, la statistique de 1852 constate pour la première fois qu'ils occupaient 390 hectares. Depuis 1852, et surtout depuis 1859, tout porte à croire que la culture des racines, sous l'influence des distilleries de MM. Bénard, Hébert et Saintard, a gagné du terrain.

La vigne a perdu quelques hectares : de 148 hectares qu'elle occupait en 1840, elle n'en possède plus que 143 en 1852 et à peine 140 aujourd'hui.

Ainsi, dans les cultures que je regarde comme stationnaires, les unes, comme le froment et les racines, se soutiennent avec avantage ; les autres, comme le seigle, l'orge, les prairies naturelles et la vigne, tendent à décroître. Cette décroissance est bien plus sensible dans l'avoine, le méteil, le chanvre, le lin et les jachères.

L'avoine a perdu 4,000 hectares en quinze ans (1837-1852). Lorsque les chemins de fer de l'Ouest et du Nord diminuèrent et pour ainsi dire supprimèrent le service des messageries et du roulage, les cultivateurs restreignirent naturellement la culture de l'avoine, qu'ils ne trouvaient plus l'occasion de débiter sur place. En 1840, l'avoine tenait 17,830 hectares, et, depuis 1852, elle en tient de 13 à 14,000. L'avoine de printemps est seule cultivée. On en consomme les trois quarts dans l'arrondissement.

Le méteil est surtout en faveur dans les cantons des Andelys et d'Écos, mais l'étendue de cette culture a baissé de moitié : de 3,682 hectares en 1840, elle est tombée à 1,999 en 1852, à 1,442 en 1859. Notez que le froment n'a pas gagné la différence.

Le bas prix des étoffes de coton a porté un coup fatal à la culture ménagère du chanvre et du lin. Possesseur en 1840 de 409 hectares répandus dans les cantons de Gisors, Écos, Étrépagny, Andelys et Lyons, le chanvre ne tenait plus en 1852 que 47 hectares dans le canton d'Écos. Le lin, cultivé en 1840 dans les cantons de Gisors et d'Étrépagny sur 211 hectares, a pour ainsi dire disparu.

Restent les jachères. Les jachères, de jour en jour, cèdent leurs terrains aux efforts persévérants et habiles de nos cultivateurs : de 10,322 hectares qu'elles embrassaient en 1837, les jachères étaient réduites en 1852 à 6,919 hectares. J'ai lieu de croire qu'elles ne comprenaient pas en 1860 plus de 5,000 hectares.

Les cultures dont l'étendue et l'importance ont grandi à ce point de compenser l'affaiblissement notable que nous avons signalé dans la production du seigle, de l'orge, de l'avoine, du méteil, du chanvre et du lin, sont les prairies artificielles, les légumes secs et les graines oléagineuses.

Les prairies artificielles, qui, en 1837, s'étaient emparées de 8,662 hectares, en occupaient 14,416 en 1852 (1). Retombant à 12,500 en 1859, elles atteignent aujourd'hui plus de 13,000 hectares. En même temps les légumes secs, cultivés surtout comme

(1) *Mouvement des prairies artificielles par canton :*

	1837	1852
Andelys	1,461	2,080
Écos	1,675	2,704
Étrépagny	1,570	3,501
Fleury	1,140	2,086
Gisors	1,854	2,885
Lyons	962	1,160
Total	8,662	14,416

plantes fourragères (pois, vesces, féveroles), et même
un peu comme plantes alimentaires (haricots et len-
tilles), passaient de 362 hectares en 1837 à 3,999 en
1852, pour se maintenir en 1860 à ce chiffre de 4,000
hectares. Enfin, à la suite de la révolution de Février
et pendant toute cette période, où le prix des céréales
a été très-bas, le colza prenait une importance déci-
sive (1). Les 19 hectares que la statistique de 1837
accordait au colza se transformaient en 1,442 hectares en 1852, et en 2,242 hectares en 1859.

On peut tirer de ces faits une conclusion très-
simple et très-rapide. La culture du Vexin était jadis
purement agricole; elle est aujourd'hui commerciale; elle tend à devenir industrielle. Je m'explique :
la production des céréales n'est plus, comme jadis,
l'objet dominant de la culture. Le froment demeure
pour ainsi dire immobile. Autour de lui s'affaissent
le méteil, le seigle, l'orge, l'avoine. Le progrès des
connaissances et le goût de la spéculation, la force des
intérêts et l'ouverture de nouveaux débouchés, tout
conduit la culture à la multiplication des bestiaux.
C'est ce que j'appelle d'une expression peut-être im-
propre, mais capable de faire contraste avec la simple
culture des céréales, la culture commerciale. Chacun
sent que le problème agricole se résume dans la

(1) *Mouvement des graines oléagineuses par canton :*

	1837	1852
Andelys	5	293
Écos	4	253
Étrépagny	2	384
Fleury	6	318
Gisors	1	87
Lyons	1	110
TOTAL	19	1,442

production des engrais ; chacun, selon ses ressources,
poursuit avec ardeur l'idéal d'une tête de bétail par
hectare. Dès lors, les étables, les bergeries, les écuries se remplissent. Les jachères, réduites, sont con-
sacrées aux fourrages. Les prairies artificielles, les
légumes secs, les racines envahissent de nouveaux
espaces et unissent leurs ressources pour alimenter
les troupeaux. Puis le succès encourage : une heureuse tentative en amène une autre. Les distilleries
s'établissent. Les betteraves et le colza se répandent.
Le cultivateur ne produit plus : il spécule ; et le Vexin
s'engage dans la voie de la culture perfectionnée,
c'est-à-dire de la culture industrielle.

Envisageons maintenant la situation agricole à un
second point de vue, et cherchons si par une autre voie
nous ne pourrions pas atteindre les mêmes conclusions. Le produit brut des récoltes s'est élevé d'après
la statistique de 1840 à 16,349,070 fr., et d'après la
statistique de 1852 à 14,380,962 fr. Cette somme
totale comprend le produit du froment, du méteil,
de l'orge, du seigle, de l'avoine, du sarrasin, des
pommes de terre, des légumes secs, des betteraves,
des prairies naturelles et artificielles, des graines
oléagineuses, du chanvre, du lin, des jardins, de la
vigne et des pommes à cidre. Si l'on ne tenait pas
compte de l'influence de la révolution de 1848,
du bas prix des céréales, d'un déficit d'environ
1,300,000 fr., causé en 1852 par une mauvaise récolte de pommes, il faudrait dire qu'en douze années
la valeur moyenne du produit total de nos récoltes
a baissé. Je suis porté à croire que cette valeur
moyenne est à peu près restée la même. Le progrès,
car il y en eut un, n'est pas dans les récoltes : il est

tout entier dans l'augmentation du revenu qu'a fourni à l'agriculture la multiplication des animaux. Ainsi ce revenu, qui était en 1840 de 2,368,732 fr., s'est élevé en 1852 à 5,031,326 fr., si bien qu'en réunissant la valeur des récoltes et le revenu des races bovines et ovines, des porcs et des chèvres, c'est-à-dire en embrassant le revenu total de la production agricole, nous trouvons en faveur de 1852 une légère augmentation, mais une augmentation de 694,486 fr.

Total : En 1840.......... 18,717,802 fr.
— En 1852.......... 19,412,288

Il n'est pas possible de pousser, avec des chiffres officiels, au delà de 1852 l'enquête que nous avons ouverte sur la nature et la portée des efforts qu'a tentés le Vexin agricole. La statistique de 1852 paraît en ce moment même (1862). Cependant, après avoir examiné avec soin les statistiques sommaires dressées depuis 1857 chaque année dans chaque canton ; après avoir lu les notes de M. Ducoudré et les procès-verbaux des séances tenues, soit par la Société de l'Eure, soit par l'Association normande aux Andelys en 1853 ; après avoir entendu le rapport de M. Picquenot et recueilli les avis de plusieurs cultivateurs, nos amis et nos confrères, je crois être en mesure de dire que la statistique décennale de 1862 confirmera toutes nos observations. Il est aisé d'ailleurs de prouver que le courant des mêmes intérêts et des mêmes besoins entraîne vers le même but la culture tout entière. L'importance croissante des vacheries et des étables, les soins particuliers qu'on prend des engrais naturels, l'élevage des chevaux, le développement des cultures fourragères et des plantes industrielles, l'établissement des distilleries, tout annonce que l'agriculture poursuit depuis 1852 l'évolution industrielle qu'elle a commencée vers 1830.

Si j'ai montré que le domaine agricole s'est étendu, que les cultures destinées à l'alimentation des bestiaux ont pris le premier rang, que la valeur de la production totale du Vexin s'est accrue par une augmentation dans le revenu du bétail et des troupeaux, j'ai répondu, ce me semble, à la pensée excellente qui a créé les prix de culture perfectionnée. J'ai justifié, par des résultats généraux, cette succession de prix départementaux dont le Vexin semblait jadis avoir le monopole, et que remportaient successivement, en 1838, M. Leguay, à Neaufles; en 1839, M. Delaisement, à Corny; en 1840, M. Fleury, à Puchay; en 1841, M. Coutil, à Villers; en 1842, M. Renard, à Fours; en 1844, M. Mettais à Harquency. J'ai donné le sens du mouvement que représentent et dirigent les lauréats de nos prix d'arrondissement : en 1842, M. Lefebvre, à Gaillardbois; en 1843 et 1844, Mme veuve Mignot, à Hacqueville; en 1844, M. Boullanger, à Fleury-la-Forêt; en 1845, M. Saintard, au Coudray, M. Dechaumont, à Boisemont; en 1846, M. Podevin, à Cahaignes; M. Juhel, au Thil; en 1862, MM. Bénard, à Guitry, Hébert, à Villers, et Juhel, à Autrebosc. Que de noms encore pourrais-je citer si je ne m'imposais l'obligation de ne louer que nos lauréats ? Quoi qu'il en soit, tous les travaux de la Société de l'Eure, ratifiés depuis trente ans par l'opinion publique, nous montrent l'arrondissement des Andelys marchant à la tête de l'agriculture départementale. S'il était aisé de prévoir dès 1830 que le plateau du Vexin normand, la plaine du Neubourg, les cantons de Beuzeville et de Lieurey, de Routot et de Bourg-theroulde seraient les premiers fécondés par la science, parce qu'ils l'étaient déjà par la nature ; s'il est juste de dire que le Vexin doit à son sol une grande partie de sa réputation, n'hésitons pas à témoigner notre reconnaissance à ces générations de fermiers et de cultivateurs qui, de père en fils, se transmettent le secret de faire valoir nos bonnes terres du Vexin, et qui servent leurs intérêts en servant la patrie commune par un ensemble de laborieux efforts.

A ces considérations générales, que devaient naturellement soulever les prix de culture perfectionnée, je joindrai quelques mots sur l'exposition des produits agricoles et horticoles.

L'agriculture était dignement représentée par les lots de MM. Bénard, Coutil, Mélissent, Henri Leroy, Heudebert, Gouche, Chérance, Mettais. Les blés exposés appartenaient en général aux espèces anglaises : blés blanc, rouge, barbu. M. Bizet n'avait pas envoyé ces gerbes de blé Victoria qui lui valurent une mention honorable à la grande exposition de 1856. Les échantillons de seigle, orge et avoine étaient fort beaux. On trouvait des betteraves disette, betteraves à globe jaune, betteraves blanches à sucre. Les topinambours de M. Coutil méritaient l'attention. Les beurres faisaient défaut. Des médailles ont été décernées à MM. Henri Leroy et Fessart.

L'horticulture maraîchère s'est popularisée depuis vingt ans. Jadis la production des légumes était l'objet d'un commerce particulier : ainsi, les jardiniers .

de Gisors portaient des légumes sur tous les marchés des environs : à Étrépagny, Écos et jusqu'à Lyons.
Aujourd'hui, la plupart des cultivateurs ont un jar-
din potager : c'est un grand progrès. Le canton
des Andelys exposait seul au concours du 22 septembre : MM. Dubos, Quillet, Chaufour, Henri Leroy,
Cosne se disputaient les prix. La foule s'arrêtait surtout devant les melons, les patates, les champignons
de M. Quillet; les tomates, les céleris de M. Chaufour; les potirons de M. Chérance, et les variétés de
choux et les belles carottes de M. Dubos. Ce dernier
lot a réuni les suffrages de la commission.

L'arboriculture fruitière avait envoyé de tous côtés
de remarquables produits. On sait que la vallée de
la Seine, depuis le Pont-de-l'Arche jusqu'à Mantes,
et surtout les environs des Andelys, de Gaillon et de
Vernon, jouissent à ce point de vue d'une juste réputation. Avant la Révolution, les pommiers de reinette
grise et les poiriers de bon chrétien d'hiver étaient
cultivés en grand : les fruits étaient expédiés à Saint-
Domingue. Le commerce des pommes, des poires,
des prunes et des cerises a changé de direction; mais
il se poursuit très-activement avec l'Angleterre, la
Suède, la Norwège et même la Russie. L'exposition
des pommes et des poires était très intéressante. J'ai
compté jusqu'à quinze variétés d'excellents fruits à
pepin. Des médailles ont été décernées à MM. Henri
Leroy, Fournier, curé de Daubeuf, et Guynemer, au
Thuit.

Chacun s'était empressé d'orner de ses plus belles
fleurs la halle aux blés transformée en salle d'exposition : les plantes exotiques et les fuchsias de
M. Cauchois; les fuchsias, hortensias et pétunias de

Mme Guérin; les cactus de M. Pinchon, à Muids; les collections de MM. de Préval, Lamer et de Mme Passy rivalisaient d'éclat et de fraîcheur.

II. — Concours de charrues. — Exposition des instruments aratoires. — J'arrive au concours de labourage et à l'exposition des instruments agricoles. La même pensée domine et relie ces deux parties du programme. Il s'agit de faciliter le travail par le perfectionnement de l'outillage, et d'obtenir de la terre plus de produits à moins de frais.

Les concours de charrues ont servi utilement cette grande cause. Un travail publié dans le *Recueil* de la Société par M. Mélissent nous en fournit la preuve. « Je labourais, dit-il, chez mon père il y a cinquante-six ans (c'est-à-dire en 1781). J'étais trop jeune encore pour bien connaître le labour; mais, en continuant de labourer, et faisant attention aux labours variés de mes voisins, à la situation du sol, aux différentes qualités du terrain, aux amendements, engrais et.productions diverses, je n'ai pas eu de peine à remarquer que, parmi ceux qui labouraient, beaucoup ne savaient pas labourer. » En 1837, M. Mélissent renouvelait encore des critiques qu'il appuyait sur une expérience de cinquante ans. Depuis, et j'en prends à témoins les rapports et discours de MM. Mettais-Cartier, Cassen, Antoine Passy, Legrand, de Vatimesnil, Drevet, Canu, Picquenot, l'art du labourage a fait dans le Vexin des progrès immenses. Telle est l'habileté des charretiers, telle est la douceur des attelages que la préparation de la terre du Vexin ne laisse presque rien à désirer.

Quand je parle de la préparation de la terre, je
parle des labours et non pas des engrais. Tout le
monde répète que la question des engrais est une
question vitale pour l'agriculture, mais peu de personnes tentent de la résoudre. Assurément, je pour-
rais citer dans le Vexin bon nombre d'exploitations
qui possèdent des fosses et des pompes à purin, bon
nombre de cultivateurs qui apportent à l'aménage-
ment de leurs fumiers une vigilance toute nouvelle ;
mais, quand on compare ce qu'on a fait et ce qu'on
doit faire ; quand on compare, au point de vue de la
fertilisation des terres, la France avec la Belgique,
l'Angleterre et l'Allemagne, on demeure étonné de
l'infériorité où nous retiennent beaucoup de négli-
gence et un peu d'ignorance.

L'arrondissement des Andelys se trouve cependant
dans une situation très-favorable : la marne gît
communément à une profondeur de 5 à 7 mètres.
Le marnage d'un hectare de terre coûte en moyenne
de 50 à 60 fr.; ce qui représente 60 à 70 mètres
cubes de marne. Or, une seule récolte peut couvrir
les premières dépenses. « Autrefois, dit M. Désiré
Coutil dans le *Journal des Andelys*, l'usage de la
marne était moins nécessaire, parce que le blé, qui
formait la principale culture, est la plante qui en a
le moins besoin ; » mais, comme les prairies artificielles fatiguent souvent la terre et la laissent chargée
de mauvaises herbes ; comme les plantes-racines re-
froidissent le sol, la marne est destinée à perpétuer
le mouvement qui porte la culture vers la multiplication des bestiaux. En augmentant l'usage de cet
excellent engrais, en employant les tourteaux de
colza, les marcs de pommes, les déchets de carde

et de filature, les cendres des foyers; en recueillant les excréments humains, dont il est si facile de neutraliser l'odeur par un mélange de suie ou de charbon, nos cultivateurs assureront leur fortune et la prospérité du pays. Ceci soit dit en passant (1).

La supériorité de nos labours a porté quelques-uns de nos confrères à douter de l'utilité des concours de charrues. Il est certain que cette année même les concurrents se sont disputé si vivement nos récompenses que le jury s'est trouvé dans un grand embarras. Loin de nous entraîner dans le découragement, une pareille lutte doit, ce me semble, nous enseigner la persévérance. Supposons un instant que l'araire ait partout remplacé la charrue à avant-train, et vous savez que la charrue à avant-train domine à peu près exclusivement la culture du Vexin; supposons qu'on ait résolu cette délicate question de la profondeur des labours, et vous savez que le récent concours de Saint-Quentin n'a pas encore mis d'accord les plus habiles agronomes; supposons en un mot que la terre, par le travail de la charrue et par l'action des engrais, ne puisse être mieux préparée pour la plus abondante production, le moment serait-il venu de supprimer nos luttes de labourage? Assurément non. Tant que les machines à vapeur ne laboureront pas nos champs, les concours de charrues resteront comme la partie la

(1) Depuis longtemps, la Société d'agriculture de l'Eure a fait de la question des engrais l'objet de ses préoccupations. Voyez, dans le *Recueil* des travaux de la Société, année 1855-1856, un excellent travail de M. Armand Durécu. Voyez aussi, dans le *Journal des Andelys*, 26 janvier et 6 février 1860, deux articles de M. Désiré Coutil : *De la Marne et de ses Effets.*

plus émouvante de notre programme, comme la manifestation solennelle du but que nous poursuivons. Ce n'est pas seulement pour les cultivateurs que la Société se réunit et travaille, c'est surtout pour la foule, et la foule ne s'instruit point par ce qu'elle lit, mais par ce qu'elle voit et par ce qu'elle entend.

Non-seulement je ne voudrais pas qu'on supprimât le principe des concours, mais je voudrais encore qu'on pût l'étendre à tous les autres instruments aratoires. Une série d'expériences publiques précipiterait la révolution qui transformera dans un court délai toute la mécanique agricole du Vexin. Jusqu'à présent, le matériel de nos exploitations rurales n'a pas répondu à la perfection de la culture. En 1852, on comptait 2,580 charrues à avant-train, 8 sans avant-train, sans roues, et 1 ayant une roue ou un sabot. On comptait enfin 147 scarificateurs, extirpateurs, ou autres instruments analogues. M. Ducoudré remarquait en 1855 que les houes à cheval, râteaux à foin, coupe-racines, hache-paille, semoirs à brouette, en un mot, tous les instruments destinés dans les pays de grande culture à diminuer la main-d'œuvre, étaient à peine connus de nos cultivateurs. Depuis 1855, la situation est très-changée, et le concours des Andelys nous permet de prédire un meilleur avenir.

Messieurs, vous ne vous attendez pas, j'espère, à me voir entrer dans l'étude technique du matériel exposé : nous nous bornerons à tirer de cette exposition un enseignement moral. A la vue de toutes cés machines, de tous ces instruments qui remplissaient sur une double ligne la grande place du Grand-Andely, ne pouvons-nous pas affirmer qu'un esprit nouveau, l'esprit d'initiative et d'industrie, s'est emparé du Vexin tout entier ? A peine ai-je besoin de nommer M. Pinel. Voici de longues années qu'établi au Thil il fabrique pour l'arrondissement des instruments justement estimés. Couronné dans tous nos concours, connu par les heureuses innovations qu'il a introduites dans les coupe-racines, dans la herse-extirpateur Bataille, dans des charrues, mélange heureux de charrues cauchoises et mantaises, M. Pinel a rendu et rend encore des services signalés ; mais l'influence qu'exerce un fabricant dépend souvent de son activité ou de son intelligence et n'est pas un signe de l'opinion publique. Rien ne marque mieux, au contraire, l'esprit nouveau dont je crois suivre la trace que les efforts faits par chacun dans les fermes et dans les villages pour perfectionner la mécanique agricole. A ce titre, je vous rappellerai la collection d'instruments exposés par MM. Dassas et Amaury, à Saussay-la-Vache ; Barville, à Hennezis ; Laurent, à Pont-Saint-Pierre ; Langlois, à Frenelles ; Damemme aîné, à Tourny. Je vous rappellerai encore le rouleau de M. Lair, aux Andelys ; la charrue à trois socs de M. Emont, celle de M. Garnier, à Bezu-Saint-Eloi. Prenez maintenant le rapport de M. Picquenot, et voyez chez M. Bénard, à Guitry, MM. Hébert, à Cantiers et à Villers ; M. Juhel, à Austrebosc : locomobiles, machines à battre, faucheuses Allen, moissonneuses Burghess et Key, semoirs Jacquet et Robillard, semoirs Barnett, trieur Pernollet, rouleau Croskill, en un mot tous les instruments perfectionnés. En 1852, la statistique officielle signale dans l'arrondissement des Andelys douze machines à battre. J'en compte aujourd'hui soixante-dix, dont la majorité se trouve dans le canton des Andelys, de Fleury-sur-Andelle et d'Étrépagny. Les machines fixes de Duvoir et de Lafosse sont les plus usitées; cependant, M. Warnier, à Étrépagny, MM. Heudebert et Vaillant, à Noyers, ont exposé des machines Cumming qui passent pour être plus solides et plus sûres.

Ainsi se glisse peu à peu dans l'esprit et les habitudes des cultivateurs une appréciation plus saine de la mécanique agricole. On comprend et on comprendra de jour en jour qu'un outillage perfectionné est un des moyens les plus efficaces d'atteindre à une production rapide et abondante.

III. — EXPOSITION DES BESTIAUX. — S'il est vrai, Messieurs, que le caractère particulier de la culture du Vexin soit, depuis vingt ans, la multiplication des bestiaux, il est nécessaire de donner dans mon rapport la première place à l'histoire des races ovine, bovine, chevaline et porcine. J'espère, d'ailleurs, vous offrir sur ce sujet important des données exactes et des renseignements nouveaux; vous excuserez les développements qu'a pris peu à peu cette partie de mon travail.

1° *Race ovine.* — Quiconque a dans le Vexin une bonne monture de moutons est certain de marcher dans la voie du profit. Avant l'établissement des chemins de fer, le troupeau de moutons était le fonds de la culture. Depuis quelques années, depuis que les vacheries se sont organisées, depuis qu'on fait moins de veaux gras et qu'on vend plus de lait, le troupeau a perdu un peu de sa prépondérance. Il n'en reste pas moins l'élément essentiel et

indispensable des grandes et-des petites exploitations du Vexin. Je veux tout de suite vous fournir
une preuve du rôle que la race ovine a joué et
qu'elle joue dans notre histoire agricole. Savez-
vous quel était le nombre des moutons en 1811
dans l'arrondissement des Andelys? 35,270 ; en 1830,
54,083 ; en 1840, 56,419 ; en 1852, 74,728 ; en 1857,
78,713 (1). Joignez à cette progression croissante la
suppression graduelle des jachères et le perfectionnement des modes de culture, et vous verrez dans ces
chiffres, recueillis à diverses époques sur l'ordre de
l'administration, les liens étroits qui unissent la pro-

(1) Voici le résumé de ces fragments inédits de statistique agricole. Je n'ai pas retrouvé les éléments de la statistique de l'an VIII,
et je commence avec la statistique de 1811.

STATISTIQUE DE 1811 :

	Léonaises et Sorinnes.	Métisses.	Indigènes.	TOTAL :
Andelys. ...	20	200	4,600	570
Ecos.......	80	500	4,500	3,900
Etrépagny...	50	400	6,200	30,800
Gisors......	300	1,600	7,100	
Grainville...	100	1,000	7,500	35,270
Lyons......	20	200	900	
	570	3,900	30,800	

Cette statistique ne doit comprendre que les béliers et les moutons.

STATISTIQUE DE 1830 :

			TOTAL :
Béliers........	439	54,083	
Moutons.......	53,644		82,142
Brebis........	17,574	28,059	
Agneaux......	10,485		

STATISTIQUE DE 1840 :

			TOTAL :
Béliers........	463	56,419	
Moutons.......	55,956		96,263
Brebis........	23,981	39,844	
Agneaux......	15,863		

spérité de la race ovine et la prospérité de l'agriculture.

Avant la Révolution de 1789, la culture des prairies artificielles était dans le Vexin beaucoup plus développée qu'on ne le suppose généralement. Peu à peu, lorsque les cultivateurs furent assurés de pouvoir conserver l'hiver les moutons qu'ils achetaient au printemps pour revendre à l'automne, ils essayèrent de perfectionner leurs laines et d'acclimater les bêtes de race espagnole. Ainsi les progrès dans la culture entraînaient l'amélioration des troupeaux. Dans la statistique du département, dressée en l'an VIII (1800), M. Masson-Saint-Amand, préfet de l'Eure, parcourt les arrondissements d'Évreux, de Louviers, de Pont-Audemer, de Bernay, et nomme les cultivateurs qui s'occupent de l'acclimatation des moutons mérinos : pas un mot sur les cultivateurs de l'arrondis-

STATISTIQUE DE 1852 :

	Béliers et moutons.	Brebis et agneaux.	
Andelys	15,592	7,476	TOTAL :
Écos	16,220	15,002	43,355
Etrépagny	16,573	4,799	74,728
Fleury	9,781	6,598	
Gisors	11,499	7,845	118,083
Lyons	5,063	1,635	
	74,728	43,355	

STATISTIQUE DE 1857 :

	Béliers et moutons.	Brebis et agneaux.	
Andelys	15,200	7,630	TOTAL :
Écos	18,693	11,217	78,713
Étrépagny	17,862	5,050	36 913
Gisors	11,344	4,745	
Lyons	4,195	2,000	115,626
Fleury	11,419	6,271	
	78,713	36,913	

sement des Andelys. Une statistique dressée en 1811 nous permettra de réparer ce dédaigneux silence.

En 1811, on comptait déjà 550 bêtes de race léonaise, 20 de race soriane, c'est-à-dire 570 de race mérinos, et 3,900 métisses. Il est peu probable que de pareils résultats aient été l'œuvre de dix années. Je suis porté à croire que les mérinos ont été introduits avant 1800 dans l'arrondissement des Andelys. Quoi qu'il en soit, on se souvient encore du dîner que M. de Garel, au commencement du siècle, donna à Vesly pour comparer la qualité de la viande des moutons normands et mérinos. C'est dans sa ferme, tenue alors par M. Bertaut, et dans les fermes exploitées par MM. Mignot, à Vesly, Mélissent, à Senneville, Dévé, à Dangu, qu'à peu près au même moment se firent les premiers croisements. Il n'est rien de tel que l'exemple, et surtout l'exemple du succès. L'opinion publique accueillit avec une faveur marquée le décret du 8 mars 1811. Ce décret établissait des dépôts de béliers mérinos. Au temps de la monte, les béliers devaient être gratuitement prêtés aux propriétaires de troupeaux indigènes. M. Tessier, dont le nom restera célèbre dans l'histoire de la race ovine, fut chargé d'organiser les dépôts. Le département de l'Eure en reçut deux : l'un chez M. Martel, à la Vacherie, pour l'arrondissement de Bernay ; l'autre chez M. Marre, à Étrépagny, pour l'arrondissement des Andelys. On détacha du dépôt d'Étrépagny trois béliers qui furent confiés à M. Mélissent, à Senneville. La remise des étalons consacrés à la monte des troupeaux de l'arrondissement des Andelys fut faite le 6 juin 1813. Les dépôts d'Étrépagny et de Senneville comprenaient 50 béliers

tirés du pays de Caux, et presque en totalité des
bergeries de MM. Martin et Lachèvre, de Goderville.
En 1814, une ordonnance royale prescrivit le par-
tage des étalons mérinos entre les principaux cultivateurs de chaque arrondissement. Les événements
politiques retardèrent l'exécution de cette mesure,
et, jusqu'en 1816, M. Marre conserva son dépôt,
dans la ferme de Saint-Martin-du-Bosc. A cette
époque, des 50 béliers remis en 1813 à MM. Marre
et Mélissent, il ne restait que 36. Le 5 juillet 1816,
ces 36 béliers furent distribués gratuitement et so-
lennellement aux propriétaires ou cultivateurs dont
les noms suivent :

MM. Moisant (Alex.), aux Hogues, 2 ; — Marre
(André), à Etrépagny, 2 ; — Mélissent (Jean-Bapt.), à
Senneville, 1 ; — Milliard (François), à Amfreville-
sous-les-Monts, 1 ; — Brunel (Ch.-A.), à Heuqueville,
1 ; — Dévé (Charles), à Dangu, 1 ; — Bertaux, (Nico-
las), à Vesly, 1 ; — de Belloy, à Provemont, 1 ; —
Foubert (François), à Cahaignes, 1 ; — Doré fils
(Adrien), à Provemont 1 ; — Legrand (Alexandre), à
Guitry, 1 ; — Doré (Jacques), à Valcorbon, 1 ; — Le-
grand (Emmanuel), à Fontenay, 1 ; — Dupuis (Be-
noist), à Mézières, 1, — Gallot (Jean-Baptiste), à
Tourny, 1 ; — Billon (Jacques), à Tilly, 1 ; — Rouget
(Ambroise), à Chauvincourt, 1 ; — Roycourt (Louis-
Baptiste), à Noyers, 1 ; — Le Bis (Jacques), à
Puchay, 1 ; — Verdure (Ludger), à Heubécourt, 1 ; —
Arnoult (François), à Gamaches, 1 ; — Defontenay
(Louis), à Sainte-Marie-de-Vatimesnil, 1 ; — Gues-
nier (Ambroise), à Sainte-Marie-de-Vatimesnil, 1 ; —
Brayer (Louis), à Bourg-Baudouin, 1 ; — Chauvet
(Pierre-Charles), à Gamaches, 1 ; — Beauquesne

(Charles), à Perriers, 1 ;—Leroy (Jacques), à Perriers,
1 ; — Saintard (Pierre-Charles), à Bus-Saint-Rémy, 1 ;
— Mignot (Désiré), à Boisemont, 1 ; — Guesnier (Louis
Etienne), à Vesly, 1 ; — Doré-Rouget (Auguste), à
Heudicourt, 1 ; — Aubé (Jean-Louis), à Haricourt, 1 ;
— Renard (Louis), à Tourny, 1 ; — Leguay (Félix), à
Gisors, 1.

Voilà, Messieurs, l'origine des métis-mérinos qui
couvrent aujourd'hui le Vexin et qui pendant quarante
ans ont fait la gloire et la fortune de nos cultivateurs.
Si je vous cite aujourd'hui des faits déjà bien
éloignés, c'est que je voulais sous vos yeux enchaî-
ner les premières tentatives aux dernières victoires.

Pour vous prouver, Messieurs, que les concours
sont véritablement les miroirs du passé ; pour vous
prouver qu'un beau troupeau est le vivant témoignage de plusieurs années de soins et de patience,
permettez-moi de donner un instant la parole à l'un
de vos anciens présidents. En 1841, M. Cassen disait
dans un rapport sur le prix de culture perfectionnée :
« Il existe chez M. Coutil un troupeau de 1,200 bêtes
à laine de la plus grande beauté, qu'il a obtenu chez
lui par le croisement d'animaux choisis avec soin et
qu'il s'est procurés au moyen de sacrifices pécuniai-
res considérables. Les commissaires ont trouvé dans
ses bergeries 30 jeunes béliers qui ne le cèdent que
de fort peu à ceux de l'établissement de Rambouil-
let, et qu'il vend à des prix modérés aux agriculteurs
qui l'avoisinent. » Veuillez vous rappeler maintenant
que M. Coutil fils est un des lauréats du concours de
1861 ; et ne trouvez-vous pas, Messieurs, un enseignement dans cette perpétuité de récompenses décernées au père ou au fils, à Lyons, en 1846 ; à Tour-

ny, en 1852; aux Andelys, en 1853; à Fleury-sur-
Andelle, en 1854; aux Andelys, en 1861 ? Cet
enseignement, vingt bergeries du Vexin nous l'offrent
à l'envi. En 1842, l'administration fit une enquête
pour découvrir les propriétaires des plus forts troupeaux de bêtes à laines. Parmi les dix premiers
noms inscrits sur la liste départementale, sept appartenaient à l'arrondissement des Andelys. Ai-je
besoin de nommer MM. Legrand, à Guitry; Ca-
theux, à Saussay-la-Vache; Renard, à Fours; Fleury, à Puchay; Coutil, à Villers; Dévé, à Dangu, et
Lefebvre, à Gaillardbois ? Depuis 1842, un grand
nombre de cultivateurs ont mérité l'honneur d'être
inscrits sur la liste de nos lauréats : M. Houel, à
Mantelle (1846); M. Bottais, à Perriers-sur-Andelle
(1846); M. Lemonnier, à Touffreville (1851, 1853,
1854); M. Dupas, à Hennezis (1852, 1861); M. Raban,
à Hacqueville (1854, 1861); M. Pigache, à Charleval
(1854); M. Legrand père, à Guitry (1846); M. Legrand
fils (1852, 1858); M. Bénard, à Guitry (1861); M. Pel-
lerin, à Glisolles (1853).

Depuis vingt ans, la race ovine s'est considéra-
blement améliorée dans l'arrondissement des Andelys par la qualité supérieure de l'alimentation et
par des croisements multipliés avec la race mérinos;
mais ne touchons-nous pas à une crise économique?
Les races à engraissement précoce n'ont-elles pas
déjà pris l'avantage sur les races à fines toisons ? En
un mot, la production de la viande ne doit-elle pas
l'emporter sur la production de la laine? Telle est la
grave question qu'a soulevée dans nos concours, et
que soulève encore dans le concours des Andelys,la
concurrence des métis mérinos et des dishley mé-

rinos! Les mérinos ont fait merveille pendant cette période où les droits protecteurs retardaient l'entrée des laines étrangères, où l'usage général de consommer de la viande n'était pas encore très-répandu; mais l'abaissement graduel des tarifs protecteurs et surtout la nécessité de pourvoir aux besoins toujours croissants de l'alimentation publique semblent prescrire aux cultivateurs la recherche de croisements nouveaux. Quoiqu'on vante la supériorité de nos laines mérinos, quoiqu'on promette un prix assez élevé pour combler la différence qui existe entre leur prix de revient et le bas prix des laines étrangères, la viande ne subira pas de longtemps, si elle la subit jamais, la concurrence·redoutable que l'Allemagne et surtout l'Australie font à nos laines. Le prix de la laine tend à baisser; le prix de la viande tend à hausser : voilà un fait certain. Il existe entre la production de la laine très-fine et la production de la viande une incompatibilité physiologique, et nos cultivateurs ont déjà compris que leur intérêt n'était pas de produire des laines très-fines. Aussi, les moutons métis–mérinos de M. Dupas, un peu ronds, relativement propres à la viande, d'une toison abondante et pas trop fine, me semblent–ils l'expression la plus heureuse du type métis–mérinos. A l'appui de cette opinion, j'invoquerai le témoignage d'un agriculteur distingué, M. Anisson du Perron. Dans un excellent travail sur la situation agricole de l'arrondissement de Louviers, il rapporte qu'à l'époque de la tonte un cours moyen s'établit pour le prix de la laine, et qu'à 5 ou 10 centimes près ce cours est accepté partout. « Dans la même année, dit-il, je ne pense pas qu'il y ait une différence de plus de 1 fr. à

1 fr. 50 c. entre la toison de deux moutons d'égale force et d'inégale finesse. » On m'assure que cette remarque s'applique justement à l'arrondissement des Andelys.

Dans cette occurrence, ne vaudrait-il pas mieux tourner de suite la spéculation vers les races à engraissement précoce et se livrer hardiment au commerce de la boucherie ? « Le temps est passé, disait récemment, à propos du Calvados, un homme très-compétent et très-apprécié dans le Vexin, M. Morière, le temps est passé où l'on cultivait le mouton exclusivement pour la laine. Il faut songer à créer des animaux qui s'engraissent promptement, sans toutefois que la qualité de la laine soit trop amoindrie, et pour cela il est indispensable d'infuser le sang anglais dans les races du pays ou d'adopter la race toute faite de la Charmoise. » Entre les mérinos et les dishley, entre les croisés espagnols et les croisés anglais, qui pourrait prononcer ? Je pose ici une question de pratique, dont le temps nous apportera la solution.

Il est juste, pourtant, il est indispensable de nommer avec honneur les cultivateurs audacieux qui, depuis vingt ans, poursuivent l'espérance de fixer dans une combinaison nouvelle un certain équilibre entre la viande et la laine. En 1846, au concours de Lyons, M. Legrand, à Guitry, et M. Bottais, à Perriers-sur-Andelle, recevaient tous deux des médailles d'or pour des croisés mérinos et new-kent. M. Fleury, à Puchay, essaya les mêmes croisements et réussit. En 1853, M. Coutil, qui est cependant resté fidèle au métis-mérinos, exposait des béliers dishley. M. Legrand fils, dont le souvenir demeurera toujours vivant dans la culture du Vexin, recevait une prime au concours régional d'Évreux, en 1855, pour ses croisés dishley-mérinos. M. Bénard, digne successeur de MM. Legrand père et fils, et possesseur aujourd'hui d'un troupeau de 1,800 moutons, a envoyé cette année même au concours dès Andelys un lot de dishley-mérinos qui a été couronné.

Il faut distinguer dans la race ovine les moutons achetés et les moutons élevés. Jusqu'à présent nous avons parlé des moutons élevés, qui sont presque toujours les moutons exposés. Occupons-nous maintenant des moutons achetés. Le mouton est à la fois producteur de viande et de laine. Tout cultivateur cherche à la fois la viande et la laine; mais s'il cherche d'abord la viande, il achète pour revendre; s'il cherche la laine, il élève pour garder.

Jadis les moutons de boucherie appartenaient à l'espèce normande sans cornes et à tête rousse, aujourd'hui à l'espèce picarde croisée mérinos. Cette substitution d'espèce assure au cultivateur le profit d'une viande et d'une laine supérieures. Le commerce de la boucherie, grâce au voisinage des marchés de Sceaux, de Poissy et de Rouen, a toujours trouvé faveur dans l'arrondissement des Andelys En comparant les statistiques cantonales de 1852 et de 1857, je vois que le nombre des moutons a augmenté dans cette période d'environ 3,985, et que le nombre des brebis et agneaux a baissé de 6,442. Ce double mouvement qui s'est maintenu de 1857 à 1861, et qui conduit en définitive à un affaiblissement dans le nombre total de la race ovine, s'appuie, d'une part, sur le développement du commerce de la boucherie, de l'autre, sur la prépondérance des vacheries et

l'extension de la culture du colza. Pareil phénomène, dû à pareilles causes, s'est produit depuis
quelques années dans le Calvados, et particulièrement dans la plaine de Caen.

La situation de la race ovine dans l'arrondissement des Andelys peut se résumer en quelques mots :
les races anciennes et communes diminuent; les
races perfectionnées augmentent; les métis-mérinos
règnent; les races anglaises s'essaient. On élève
moins d'agneaux; on achète plus de moutons. La
culture alimente de plus en plus le commerce de la
boucherie, sans perdre de vue la production d'une
laine assez grosse, mais très-abondante.

2º *Race porcine.* — Pour la race porcine quelques
mots suffiront :

De 1840 à 1852, la race porcine a conservé dans
l'économie agricole du Vexin la même situation. En
1840, 10,770 porcs; en 1852, 10,369. En cinq ans, de
1852 à 1857, soit que nos cultivateurs aient été pressés par une demande plus active et une consommation plus étendue, soit qu'ils fassent moins de veaux
et plus de beurre, plus de beurre et partant plus de
porcs, le nombre des porcs s'est élevé de 1,000 têtes.
Ici la question des races se présente sous un aspect
favorable. Dans la race ovine, le cultivateur a deux
intérêts à ménager : la viande et la laine. On conçoit
donc qu'il hésite à sacrifier l'un ou l'autre des bénéfices qu'il espère recueillir; mais dans la race porcine il n'a qu'un intérêt, qu'un but unique : la
viande. Le meilleur porc est celui qui réunit les
qualités les plus parfaites de conformation, de précocité, de puissance d'assimilation. Or, la race anglaise
porte si fort à l'engraissement que l'on peut élever

trois porcs anglais contre un porc normand. La race normande domine encore : mais dans l'opinion publique, si ce n'est dans les faits, elle commence à être sérieusement menacée. Au concours des Andelys les plus beaux lots exposés appartenaient à MM. Désabie, à Tourny, Ecalard, à Saint-Léger-de-Bernay, et Moisson, à Musegros. Les prix ont été décernés aux porcs anglais de MM. Ecalard et Désabie.

3° *Race bovine.* — Si j'en crois la correspondance de M. l'abbé Pinchon, vicaire général du diocèse d'Évreux et président du comité d'agriculture de l'Eure avec MM. de Vatimesnil, de Boisdenemets, Dévé, à Dangu; Anquetin, à Puchay; Langlois et Poulain, à Morgny; Chotard, à Longchamps; Brunel, à Bel-Air; Delesque, au Bosquentin, on estimait en 1819 que, depuis la Révolution, le nombre des bêtes à cornes, dans l'arrondissement des Andelys, était augmenté d'un cinquième. Dans les cantons de Lyons-la-Forèt, Étrépagny, Gisors, la progression avait été plus rapide et avait atteint le quart. Ce mouvement s'était opéré sous l'influence du marché voisin de Gournay, d'où Paris tirait des approvisionnements considérables de beurre et de veaux. Les cantons d'Écos, des Andelys et de Grainville, quoiqu'en relations directes avec les marchés de Poissy et de Rouen, n'avaient pas gagné au delà du sixième. En fixant à un cinquième l'augmentation générale des bêtes bovines, on semblait établir une juste balance entre les divers cantons. La culture des prairies artificielles et un changement dans les habitudes de la population, telles étaient les causes principales de ce mouvement.

La culture des prairies artificielles remonte dans

le Vexin à une époque beaucoup plus reculée qu'on ne l'a toujours dit. Arthur Young, dans ses voyages en France (1787, 1788 et 1789), remarque que le sainfoin et la luzerne étaient cultivés dans le Vexin français, à Marines, Pontoise, Magny, la Roche-Guyon. Il en était de même, et sur une assez grande échelle, dans le Vexin normand. Ce qui a pu faire illusion, c'est que la Révolution a donné tout à coup l'essor à ces cultures dont le produit est né-cessaire à l'entretien des animaux domestiques. La suppression des dîmes et des champarts mit les cultivateurs en possession d'une grande quantité de paille. Que faire de cette paille si ce n'est de l'engrais? Pour faire de l'engrais il faut des vaches : pour avoir des vaches, il faut pourvoir à leur nour-riture. De là l'extension et, comme on le croit encore, la création des prairies artificielles. D'un autre côté, la Révolution répandit chez tout le monde le goût du bien-être. Quiconque mangeait du pain sec voulut manger de la viande. Le prix des veaux, du beurre, des fromages s'éleva, et les cultivateurs, tirant de chaque tête de bétail un revenu plus fort, n'hési-tèrent pas à multiplier les bestiaux, c'est-à-dire à grossir leurs profits. « Je puis certifier, écrivait M. de Vatimesnil, que depuis le moment où j'ai été à portée d'observer, ce qui remonte environ à cin-quante ans (1770-1819), il n'y a peut-être pas une commune où le principal cultivateur ne possède à lui seul aujourd'hui autant de vaches qu'il en existait il y a quarante ans dans la totalité de la paroisse. »

Rapide accroissement dans la quantité, mais nulle amélioration dans la qualité des bêtes à cornes, tels étaient les deux faits, en apparence contradictoires, que signalaient vers 1819 les praticiens les plus éminents du Vexin. Le Vexin n'est pas un pays d'herbage, disaient-ils tous, et nous avons à nos dépens essayé de faire des élèves. Les vaches augeronnes et cotentines s'acclimatent très-difficilement. Les deux premières années elles maigrissent, et souvent, à leur première portée, elles avortent. A la troisième année elles reprennent quelque vigueur; mais rarement elles reparaissent avec leurs formes primitives. Je cite M. Dévé : « Dans cet arrondissement, où presque tout le sol est en terre labourable et divisé en grandes fermes, il ne se fait pas ou très-peu d'élèves. Le bénéfice que donnent le beurre et l'engrais des veaux, dont la vente est facile et assurée, détermine depuis un temps immémorial les cultivateurs à acheter, par l'intermédiaire des marchands, des génisses, des vaches de deux à trois ans dans le pays d'Auge ou le Cotentin. » Les petits cultivateurs seuls élevaient des vaches croisées, normandes, augeronnes, cotentines ou mancelles. Peu leur importait la beauté des formes ou la pureté des races : par économie ils faisaient saillir les génisses trop jeunes et les livraient par prudence à des taureaux pas faits.

Essayons maintenant de mesurer les changements qui se sont opérés dans la condition des bêtes bovines depuis 1819. Ce qui n'a pas changé, c'est le système général d'approvisionnement, parce que ce système tient précisément à la nature du sol et à l'état des cultures. L'élevage dans le Vexin n'a jamais été l'objet spécial d'un commerce. Il ne peut être que le fruit ordinaire d'une exploitation. Quand même nous mettrions en plein rapport les herbages que la Providence a placés le long de nos cours d'eau, et spé-

cialement sur les bords de l'Epte, il faudrait encore
payer tribut, comme on dit dans le Vexin, au pays
des vaches; mais, à part cette question d'approvisionnement, tout dans la situation des bêtes à cornes,
à quelque point de vue qu'on se place, au point de
vue de leur nombre, de leur hygiène ou de leurs
services, tout est changé depuis 1819.

Quant au nombre, je me bornerai à placer sous vos
yeux le relevé inédit des statistiques dressées à diverses époques par les ordres du gouvernement.

En 1814, on comptait 11,448 bêtes à cornes.

En 1830,   —   16,063   —

En 1840,   —   19,727   —

La révolution de Février apporta un grand trouble
dans la culture, et en 1852 le nombre des bêtes à
cornes tombait à 17,112; mais en 1857 il s'était
relevé et atteignait 22,070.

L'hygiène des bêtes à cornes n'a pas cessé de
s'améliorer. Jadis, je parle de 1819, les cultivateurs,
en général, se chargeaient eux-mêmes du soin de
leurs chevaux. Les vaches méprisées étaient laissées
aux servantes. Aujourd'hui des vachers de profes-
sion, presque tous originaires de Suisse, tiennent la
vacherie, qui a pris dans l'exploitation le rang d'un
service spécial. Au lieu d'enfermer les vaches neuf
mois dans des étables malsaines, on les parque depuis
le mois de mai jusqu'au mois d'octobre sur des fourrages verts. Quelques cultivateurs les maintiennent
toute l'année à l'étable; mais l'étable est bien aérée
et les inconvénients de la stabulation permanente
sont écartés par une alimentation judicieuse. On a
examiné l'influence de l'alimentation sur la production du lait. On a reconnu la nécessité de mêler à la

paille d'avoine, au trèfle, à la bourgogne, des betteraves, des turneps, des choux ou toute autre espèce
de plantes en végétation. Les Hollandais ne possèdent
pas partout de gras pâturages, mais ils possèdent
partout de belles et bonnes vaches, parce qu'ils
savent ce que nos pères et presque nos contempo-
rains ne savaient et ne pouvaient faire : allier la
nourriture sèche à la nourriture en vert.

Depuis l'établissement des chemins de fer, la vacherie a pris dans la plupart des fermes du Vexin
une très-grande importance. On fait encore des
veaux, on fait encore du beurre ; mais avant tout on
fait du lait. Le débit sur place et sans frais d'un produit toujours assuré ne pouvait manquer de séduire
nos cultivateurs. Dans l'enquête dressée aux Andelys
devant l'Association normande en 1853, on a constaté que le rendement du lait est en moyenne de
dix litres par jour pour trois cent soixante-cinq
jours. M. Ducoudré, dans ses notes sur la culture du
Vexin, estime que cette moyenne est de six à sept
litres par jour. Si ces calculs sont justes, doit-on
laisser les cotentines protester à nos dépens contre
la qualité souvent défectueuse de nos fourrages, et
ne pourrait-on pas, par quelque croisement heureux,
augmenter le profit en développant chez les élèves
l'aptitude laitière ou la faculté d'engraissement ? Nos
cultivateurs ont déjà fait bien des essais dans tous les
sens. Quelques-uns ont essayé du croisement durham
et s'en montrent satisfaits. Peut-être vous souvenez-
vous de la génisse croisée durham que M. Lebrun,
de Puchay, présenta au concours de Tourny en 1852 ?
Si ce croisement affaiblit la qualité laitière, au moins
prépare-t-il un facile engraissement. On perd d'un

côté ce qu'on gagne de l'autre, et très-souvent, dans la culture, le profit n'est pas dans l'application d'un système absolu, mais dans une transaction intelligente entre des profits divers. Sur l'avenir des croisements durham dans le Vexin, l'expérience ne me paraît pas entièrement achevée.

Les vaches bretonnes ont leurs partisans. Mme Fleury, de Puchay, dont le beurre jouit d'une réputation méritée, en possède un troupeau considérable. J'en signalerai deux autres : l'un à Rosay, chez M. de Vallon ; l'autre sur les limites de l'arrondissement, à la maison centrale de Gaillon. M. Dumontier-Sainte-Marie a obtenu cette année même une mention honorable au concours des Andelys pour sa vache bretonne. A l'occasion des vaches bretonnes, je rappellerai que la vache mancelle était, il y a cinquante ans, la vache favorite des arrondissements de Louviers et des Andelys. Elle se plaisait beaucoup dans nos pays, se contentait de nos maigres pâturages, et donnait un lait excellent. Peut-être les petits cultivateurs qui élèvent des vaches pour les garder feraient-ils bien de revenir à cette variété, la plus rustique et la plus sobre des vaches normandes. Les grands cultivateurs, au contraire, qui veulent surtout une production très-abondante de lait, pourraient suivre des exemples donnés dans l'arrondissement de Louviers et croiser leurs vaches avec des taureaux flamands ou des taureaux de la race écossaise d'Ayr. M. Lancelevée, à Ménesqueville, vient d'obtenir le second prix au concours des Andelys pour une génisse flamande.

Quoi qu'il en soit, les races normandes et cotentines règnent et règneront longtemps encore dans

le Vexin. Elles remplissent les étables de M. Lainay,
à Gaillardbois; Juhel, à Autrebosc; Lesage, à Cléry,
que le rapport de notre confrère M. Picquenot a dési-
gnés à vos éloges. Elles ont fait, nous assure-t-on,
couronner tous ou presque tous les lauréats des pré-
cédents concours: M. Lebrun, à Puchay (1846, 1851,
1852, 1855); M. Lainay, à Gaillardbois (1854–1855);
M. Chevallier, à Tourny; M. Levaillant, à Noyers-
sur-Andelys (1854, 1855); M. Lemonnier, à Touffreville (1853); M. Dedessuslamare, à Suzay (1854);
M. Camus, à Étrépagny (1851); M. Laporte fils, à
Bézu (1853); M. Boulanger, à Lyons (1855). Elles
ont fourni cette année même à notre concours des
Andelys l'occasion de donner à M. Raban, à Authevernes, et à M. Dechaumont, à Boisemont, les prix
décernés aux taureaux; à MM. Lesage et Toutain
les prix décernés aux vaches, et à M. Quillet le prix
des génisses. Voilà, Messieurs, des succès destinés à
perpétuer longtemps encore la domination des races
normandes.

L'industrie de l'engraissement est nouvelle dans
notre arrondissement. Ce sont MM. Viel qui, les
premiers, entreprirent dans les herbages de Charleval de faire des élèves et des bœufs gras. Ce
genre d'industrie agricole resta concentré dans la
vallée de l'Andelle et plus particulièrement dans les
environs de Charleval. Si l'on veut bien jeter un coup
d'œil sur les prairies naturelles du Vexin, on décou-
vrira aisément les raisons de ce fait. Depuis longtemps le régime des eaux est réglé dans la vallée de
l'Andelle de manière à répandre par de nombreuses
irrigations la prospérité et l'abondance. Rien de sem-

blable n'existe dans la vallée de l'Epte. Que les eaux
de l'Epte soient trop crues, et que partant les irrigations y soient inutiles, c'est un préjugé assez généralement répandu pour que nous n'ayons pas le loisir
de le combattre; mais que les prairies de la vallée
de l'Epte ne soient pas en état de suffire à l'élève ou
à l'engraissement des bêtes à cornes, c'est un fait
que malheureusement nous sommes forcés d'avouer.
Les chevaux peuvent y réussir, mais les vaches non.
Les chevaux broutent et les vaches paissent. Les
chevaux choisissent et pincent les bonnes herbes.
Les vaches tondent de leur langue les bonnes et les
mauvaises herbes. Il faut donc aux vaches des prés
plus succulents qu'aux chevaux. Assurément, les
herbages du Vexin ont beaucoup gagné, mais
pas assez pour soutenir et développer seuls l'industrie de l'engraissement. Heureusement, voici que
les distilleries ouvrent de nouvelles sources d'a-
limentation, et le Vexin, qui atteindra successivement tous les genres de succès, peut entrevoir
l'avenir prochain où il servira utilement le commerce
de la boucherie. En envoyant au concours des Andelys une bande remarquable de bœufs gras, M. Fessart aura eu l'honneur de marcher un des premiers
dans une voie où il finira par être suivi par ses
confrères et ses rivaux.

4o *Race chevaline.* — Je veux dès l'abord vous
peindre en deux chiffres éloquents l'état de la race
chevaline en 1754 et en 1861 : en 1754, un dénombrement général de tous les chevaux, juments et
poulains, fait par les ordres de M. de Voyer d'Argenson, constatait dans le Vexin la présence de 12,639

chevaux (1). Les intendants qui firent ce dénombrement avouaient que, pour atteindre la vérité, on devait ajouter un cinquième en sus, soit 15 à 16,000 chevaux. Au 1er janvier 1860, le rôle des contributions directes constatait, à cent ans de distance, 25,908 chevaux et 1,515 ânes. On peut donc affirmer qu'en un siècle la race chevaline a gagné dans le Vexin environ 10,000 têtes.

Au commencement du siècle, le Vexin achetait ses chevaux, non pas dans les environs de Caen ou

(1) Voyez un travail très-intéressant de M. de Beaurepaire sur l'ancienne administration des haras en Normandie : *Annuaire normand de l'Association normande,* 1862, p. 74 à 77.

Voici le détail du dénombrement de 1754 :

1o *Élection de Lyons :* 264 chevaux entiers, — 1,019 chevaux hongres, — 130 poulains, — 2,250 juments, — 86 pouliches, — 3 étalons approuvés.

2o *Élection de Gisors :* chevaux entiers, 1,181 ; — chevaux hongres, 1,080 ; — poulains, 113 ; — juments, 1,500 ; — pouliches, 80 ; — étalons approuvés, 2.

3o *Élection des Andelys :* chevaux entiers, 1,755 ; — chevaux hongres, 1,074 ; — poulains, 132 ; — juments, 1,880 ; — pouliches, 95 ; — étalons royaux, 2.

M. de Voyer d'Argenson fit également dresser en 1754 un *État des foires et marchés existant en Normandie, avec la quantité de chevaux qu'on y mène.* Dans ce document, on lit :

1o *Élection de Lyons :*

Lyons : le jeudi de l'Octave du Saint-Sacrement, 30 chevaux ; — le 10 octobre, 30.
Buchy : le jour de la Pentecôte, 30 chevaux.
La Rosière : le 24 août, 50 chevaux.
Sainte-Croix : le 14 septembre, 30 chevaux.

2o *Élection de Gisors :*

Etrépagny : le 29 août, 50 chevaux.
Gisors : le 24 août, 30 chevaux ; — le 8 octobre, 30 chevaux.
Mainneville : le 28 octobre, 50 chevaux.

3o *Élection des Andelys :*

Les Andelys : le 3 juin, 100 chevaux ; — le 14 septembre, 100.

d'Avranches, mais dans les environs de Beauvais et
d'Amiens. Ces chevaux avaient d'ailleurs, dit M. Masson-Saint-Amand dans son *Mémoire statistique sur
le département de l'Eure*, de l'étoffe et de la taille :
ils étaient bons pour le travail agricole et propres à
l'artillerie. Les ânes, plus nombreux qu'aujourd'hui,
faisaient le service des petites et des grandes cultures, les mulets celui des moulins à blé. Cela suffisait
dans un temps où les chemins étaient toujours mau-
vais et souvent impraticables, où le cultivateur ne
prétendait pas courir vite mais arriver sûrement, où
les denrées étaient vendues dans les marchés locaux
de Gisors, d'Écos, d'Écouis, d'Étrépagny, de Lyons,
des Andelys. — Quand les routes s'aplanirent, se
redressèrent, s'adoucirent, les moyens de locomo-
tion naturellement changèrent. Les voitures furent
plus nombreuses, les charrettes plus légères, et les
vives allures des chevaux trotteurs remplacèrent
avantageusement le pas ferme et lent des ânes, des
mulets et des lourds chevaux. Cette révolution dans
la condition économique des transports n'agit pas
immédiatement sur les habitudes du pays. Les
mœurs ne cèdent jamais qu'à la force de l'exemple
ou aux séductions de l'intérêt personnel.

C'est seulement vers 1843 que l'administration,
soutenue tour à tour dans le conseil général et dans
le Vexin par MM. Antoine Passy, Legrand et de Vatimesnil, entreprit une réforme dont on commence à
recueillir les précieux fruits. Le moment paraissait
bien choisi. La loi de 1836 sur les chemins vicinaux
avait rendu à la vie commerciale le canton de Lyons
et pour ainsi dire tout l'arrondissement des Andelys.
Sur le plateau du Vexin, les prairies artificielles

avaient presque entièrement remplacé les jachères; dans les vallées de l'Epte et de l'Andelle, les prairies naturelles avaient été l'objet de travaux importants. Une classe nombreuse de cultivateurs, enrichis par le travail et la science, tenait par des baux assez longs, ou par des titres de propriété, la plus grande partie des bonnes terres, et se trouvait ainsi en mesure de faire les avances de fonds qu'exige l'élevage du cheval. En un mot, les causes générales qui s'étaient opposées dans le Vexin à l'amélioration de la race chevaline disparaissaient de jour en jour. Il ne s'agissait plus que de surmonter par un commun effort les derniers obstacles qu'opposaient d'une part l'indolence et l'ignorance des cultivateurs, de l'autre les faibles ressources et l'inexpérience de l'administration. Que d'obstacles encore !

En 1844, il y a quinze ans à peine, les propriétaires et les cultivateurs du Vexin n'élevaient point ou mal. On peut élever les chevaux de deux manières : ou l'on achète des poulains âgés d'un an, dix-huit ou trente mois, pour les revendre à cinq ans; ou l'on fait saillir des juments dont on élève les produits. Du côté de Bernay et de Pont-Audemer on pratiquait les deux modes d'élevage. Dans le Vexin on ne suivait pas du tout le premier, et à peine le second. Certains cultivateurs des cantons d'Étrépagny et de Lyons faisaient, il est vrai, saillir leurs juments pour leur usage personnel; mais ils se contentaient d'étalons ambulants à têtes énormes, à lourdes allures, capables uniquement de produire des chevaux de trait ou de force. Ils ne prétendaient ni faire le commerce ni perfectionner la race. Les travaux des champs étaient exécutés par des chevaux entiers

qu'on achetait aux foires, et ces chevaux appartenaient à toutes les races, non-seulement normande
et percheronne, mais même picarde et bretonne. Le
hasard seul réglait le sort et la composition de la
race chevaline dans le Vexin. Il était donc très-
naturel que l'administration, dont les projets de réforme avaient surtout pour objet d'accroître et d'as-
surer la remonte de la cavalerie; il était tout naturel,
dis-je, qu'elle portât ses regards vers les arrondissements de Bernay et de Pont-Audemer, où l'industrie chevaline, déjà développée, lui promettait un
succès prompt et certain. Le Vexin allait disputer et
enlever par des succès éclatants la protection méritée que l'administration accordait et devait accor-
der au Lieuvin.

Le problème de l'amélioration de la race chevaline
se résume tout entier dans l'amélioration du père et
de la mère, de la jument et de l'étalon. La mère est
la base des races. Provoquer par des primes la possession des belles juments paraît encore être un des
moyens les plus simples et les plus efficaces d'améliorer l'espèce chevaline. Tel était le but que se pro-
posait M. Zédé, préfet de l'Eure, lorsque, dans son
arrêté du 10 février 1844, il promit des primes à
certaines juments choisies et désignées chaque fois
qu'elles donneraient naissance à des poulains issus
d'un étalon des haras royaux ou d'un étalon approuvé. Ces juments devaient jouir, pendant trois ans,
de la prime et du titre de poulinières départemen-
tales.

L'arrondissement des Andelys n'eut pas, dans les
premières années, l'honneur de remporter souvent la
prime. Les juments, et surtout les belles juments, pas-

saient pour y être assez rares; et quoique, dès 1847, M. Bizet, d'Amfreville-sous-les-Monts, eût plaidé la cause du Vexin, l'administration avait jugé que les concours de juments poulinières seraient maintenus à Bernay et à Pont-Audemer. Huit ans après, le Vexin justifiait les prétentions de M. Bizet. Suivant l'exemple de MM. Legrand, Fleury et Hébert, encouragés par les stations d'étalons successivement établies à Fleury et à Étrépagny, nos cultivateurs recherchèrent avec ardeur et acquirent avec goût un grand nombre de belles et bonnes juments normandes ou percheronnes. C'est alors que la Société d'agriculture de l'Eure intervint de la manière la plus utile, en offrant, dans les concours qu'elle ouvrit de 1850 à 1855 à Étrépagny, à Tourny, à Fleury, à Gisors, des primes aux plus belles juments; elle donna l'occasion aux cultivateurs de montrer la persévérance et le succès de leurs efforts. En 1855, l'administration fut obligée de reconnaître que le Vexin avait mérité une réparation et gagné son concours. Ce concours a été tenu pour la première fois à Étrépagny, le 5 juin 1855. Le nombre toujours croissant des juments et des pouliches exposées, la supériorité des poulinières nouvellement admises sur les poulinières jadis primées, et surtout la part considérable que prenaient dans les récompenses les propriétaires et cultivateurs du Vexin; tous ces faits, si nouveaux, si patents, si heureux, devaient nécessairement détourner des arrondissements de Bernay et de Pont-Audemer, pour les reporter sur l'arrondissement des Andelys, les encouragements de l'administration. Justice nous a été rendue il y a deux ans.

Le département de l'Eure fut divisé, au point de

vue de la race chevaline, en trois circonscriptions
dont les chefs-lieux sont : Bernay, Pont-Audemer et
Étrépagny. La circonscription d'Étrépagny comprend
tout l'arrondissement des Andelys; dans l'arrondissement de Louviers, les cantons de Pont-de-l'Arche,
Louviers et Gaillon; dans l'arrondissement d'Évreux,
Pacy et Vernon. Chacune de ces circonscriptions reçut
un certain nombre de primes, non plus triennales
mais annuelles, lesquelles primes devaient être régulièrement offertes et distribuées à nos cultivateurs.
Les deux derniers concours ont brillamment répondu
à l'appel du nouveau règlement. Cette année même,
quarante-deux juments suitées, onze non suitées et
neuf pouliches au dessus de trois ans ont été soumises aux décisions du jury. Nous aimons à rappeler
que presques toutes les primes ont été remportées
par des cultivateurs du Vexin.

S'il appartient aux propriétaires ou aux cultivateurs de contribuer à l'amélioration de la race chevaline par le choix des meilleures juments poulinières,
il semble que l'administration soit seule capable de
fournir, dans une vue persistante et prévoyante de
réforme et de progrès, les étalons propres aux besoins des localités. Tel est le but des stations que la
direction des haras établit à l'époque de la monte;
mais comme ces stations coûtent cher et sont rares,
l'administration eut l'heureuse pensée de demander
du secours à l'industrie privée. Elle donna à des étalons particuliers et reconnus bons des primes et des
droits qui les mettaient sur le même rang que les
étalons des haras royaux. Ces étalons prirent le nom
d'étalons approuvés. Enfin, des commissions hippi-
ques furent chargées de composer une troisième

classe d'étalons : les étalons autorisés. L'autorisation était un degré pour arriver à la prime et à l'approbation. Elle avait pour objet d'éclairer sur le mérite des chevaux entiers livrés à la reproduction, et de constituer des bases larges et sûres à l'industrie privée. Au point de vue de l'étalonnage, la situation de l'arrondissement des Andelys en 1845 pouvait se résumer en trois mots : pas de stations d'étalons royaux, pas d'étalons approuvés, pas d'étalons autorisés.

C'était en 1847. M. Bizet, d'Amfreville-sous-les-Monts, avec un zèle dont le Vexin doit garder un souvenir reconnaissant, M. Bizet, dis-je, se transporta dans toutes les communes des cantons de Lyons et de Fleury-sur-Andelle. Dressant la liste de tous les propriétaires ou cultivateurs qui avaient des juments capables de reproduire, il démontra la nécessité d'établir une station d'étalons à Fleury-sur-Andelle. L'administration se hâta de céder aux instances de M. Bizet, et un cheval demi-sang, carrossier, commença cette année même le service de la monte. En 1848, 1849 et 1850, la station de Fleury se composa de deux chevaux, mais elle donna de faibles résultats. En 1847, soixante saillies; en 1848, cinquante; en 1849, soixante-six; en 1850, soixante-cinq. Le nombre des juments saillies était précisément celui qu'avait fixé M. Bizet. On avait espéré que le plateau du Vexin et la plaine de Pont-de-l'Arche, descendrait l'un la côte, l'autre traverserait la Seine, pour faire la monte à Fleury; mais ces espérances furent déçues. L'administration se découragea, la station fut supprimée en 1851. C'est alors que les cantons d'Écos, de Gisors et surtout d'Étrépagny

demandèrent que la station consacrée à la monte du
Vexin fût placée dans un lieu plus central. Étrépagny
fut désigné, et aussitôt le nombre des saillies dou-
bla. En 1853, les deux étalons de cette station, tous
deux demi-sang et carrossiers, servirent 120 juments;
en 1853, cent vingt-six; et en 1854, cent trente-sept.

La question chevaline commençait à se faire une
place importante dans l'esprit et dans les intérêts de
nos cultivateurs; cette année même 1854, l'arrondissement des Andelys fournissait plusieurs chevaux à
la remonte de l'armée. M. Courty, à Puchay, vendait
un cheval 600 fr.; M. Nicolas Anquetin, à Écouis,
un autre 500 fr.; M. Fleury, à Puchay, deux
autres, 850 et 800 fr.; M. Delahaye, aux Thilliers,
525 fr. Sur ces entrefaites, un conflit s'éleva entre les
besoins de nos cultivateurs et les vues de la direction des haras. Les cultivateurs demandaient des
étalons de trait, et la direction, qui s'occupe spécialement de chevaux légers, ne pouvait satisfaire à leurs
vœux. Le service de la guerre ayant diminué l'effec-
tif des dépôts de remonte, la direction fut obligée
de concentrer sur ces établissements toutes ses ressources et de supprimer la station d'Étrépagny. Cette
mesure pouvait porter à la race chevaline, dans le
Vexin, un préjudice d'autant plus grave que la commission hippique nommée en 1847, et composée de
MM. Bizet, Dailly, à Gisors; Defontenay, aux Thilliers; Damour, à Boisemont; Viel, à Charleval, et
Piard, à Fleury-sur-Andelle, s'était en vain réunie
chaque année à Écouis, et n'avait jamais eu l'occasion d'autoriser un étalon.

Dans ce moment critique, M. le comte Lecouteulx,
que la science hippique compte parmi ses plus habi-

les représentants, témoin assidu et juge éclairé des progrès de la race chevaline dans le Vexin, tenta de parer le coup que portait à l'agriculture la réduction du budget des haras. Le 5 juin 1855, après le banquet qui suivit le concours des juments poulinières, il donna lecture d'un projet d'association dont le but était de substituer à la station supprimée un haras particulier. Cette association, dont il n'existait pas alors un autre exemple en France, trouva dans le Vexin une prompte et juste faveur. Elle se constitua sous la présidence de M. de Vatimesnil. M. Marre, propriétaire au Thil-en-Vexin, fut désigné vice-président, et M. Lecouteulx accepta modestement les fonctions de secrétaire. Au mois d'août suivant, le conseil général votait, sur la proposition de M. le comte Estève, une somme de 1,000 fr. pour couvrir les premiers frais d'établissement. En mars 1856, la Société hippique d'Étrépagny avait acquis un cheval pur-sang, *Chulo,* capable de donner avec les juments cauchoises et percheronnes des carrossiers et des chevaux propres à la remonte; un cheval demi-sang, *Young-Haphazard,* et bientôt après un étalon percheron, *Agricole,* primé au concours d'Alençon et vainqueur dans les courses au trot d'Illiers, de Mortagne et de Chartres. En 1857, un arrêté du ministre établit une jurisprudence nouvelle au sujet de l'étalonnage privé, en élevant le tarif des primes décernées aux étalons approuvés. A cette occasion, une nouvelle commission hippique fut nommée et un concours d'étalons fut convoqué aux Andelys, le 22 février 1858. Les trois chevaux de la Société, *Chulo, Haphazard* et *Agricole* furent primés et approuvés. Un quatrième étalon, *Sans-Pareil,* âgé de six ans, fut présenté par M. Barrois, à Lorleau, et également primé et approuvé. Cette année (1862), le haras d'Étrépagny a mis au service du public un quatrième étalon, *Honorable*, demi-sang carrossier et premier prix au concours régional de Rouen.

Pour vous donner une juste idée des progrès qu'a faits le goût de l'élevage dans notre arrondissement, je mettrai sous vos yeux le nombre des saillies opérées dans le haras de la Société hippique depuis sa fondation, et les noms des principaux propriétaires ou cultivateurs qui ont profité de cet établissement. Veuillez vous rappeler que l'année 1854 avait donné à la station du haras impérial d'Étrépagny 137 saillies.

Nous compterons en faveur de la Société hippique : en 1856, cent douze saillies; en 1857, cent quatorze; en 1858, cent treize; en 1859, cent cinquante-neuf; en 1860, deux cent une; enfin, en 1861, cent soixante-quinze.

Parmi les propriétaires ou cultivateurs dont les noms reviennent chaque année sur les registres de la Société, nous trouvons :

1° Canton d'Étrépagny. — *Étrépagny :* MM. Chauvet, Savetier, Guerbe, Boucher, Monnaye, Brandin, Placet, Hardiviller, Dumort, Defontenay; — *Puchay :* MM. Durand, Marest, Fleury, Lebrun, Courty; — *Saussay-la-Vache :* M. Dieupart; — *Longchamps :* MM. Rayer, Dujardin, Barge, Pagnerre; — *Villers-en-Vexin :* M. A. Hébert; — *Gamaches :* MM. de Belloy, Amédée Doré, Doré Letailleur; — *Sainte-Marie-de-Vatimesnil :* M. Defontenay; — *Provémont :* MM. Breteuil, Doré; — *Farceaux :* MM. Canu, Éd. Lefebvre, du Manoir, Lainé; — *le Thil :* MM. Deschamps, Marre; — *Morgny :* MM. Letellier, Fréret; — *Heudicourt :*

MM. Delisle, Louvet; — *Doudeauville* : MM. Toutain, Quillet, Lebret, Doré;—*Nojeon-le-Sec* : MM. Guillot; —*Hacqueville* : MM. Moreaux, Denise; — *Mouflaines* : M. Levaillant.

2° CANTON D'ÉCOS. — *Heubécourt* : M. Béguin; — *Guitry* : MM. Bénard, Doré; — *Cantiers* : M. N. Hebert; — *Écos* : M. Duvivier; — *Tourny* : M. Monnaye; — *Cahaignes* : M. Peulet; — *Mézières* : MM. Doré, Delarue; — *Giverny* : M. Vacher.

3° CANTON DE FLEURY-SUR-ANDELLE. — *Écouis* : MM. Lemonnier, Anquetin, Bouché, Clée; — *Gaillardbois* : M. Lainay; — *Fleury* : M. Lecouturier; — *Mesnil-Verclives* : MM. Delaisement, Petit; — *Grainville* : M. d'Ousembray.

4° CANTON DE LYONS. — *Tronquay* : M. Duboc; — *Lilly* : M. Mauger; — *Bezu-la-Forêt* : MM. Després, Commecy; — *Lyons* : MM. Taurain, Maillard.

5° CANTON DE GISORS. — *Gisors* : MM. Thierry, Passy, Daudet; — *Mesnil-sous-Vienne* : M. Catel; — *Bernouville* : M. Étienne; — *Saint-Paër* : MM. Verdelet, Gendron, Godailler; — *Bezu-Saint-Éloi* : MM. Feugueur, Maubert, Morel, Brockmane, Prével; — *Mainneville* : MM. Boucherot fils, Mabire; — *Vesly* : M. Fleury; — *Saint-Denis-le-Ferment* : M. Duverny; — *Hébécourt* : M. Canu; — *Authevernes* : M. Raban.

6° CANTON DES ANDELYS. — *Les Andelys* : MM. Letellier, Hugonet, Meurdrac, Achard, Appé; — *Boisemont* : MM. Leroy fils, Bachellier.

Si l'on veut lire attentivement la liste des personnes qui profitent tous les ans du haras d'Étrépagny, et la liste des lauréats au concours annuel de juments poulinières, on y verra d'abord que le canton d'Étré-

pagny est l'actif foyer d'une reproduction intelligente, et qu'Étrépagny, au point de vue de la race
chevaline, est devenu comme le chef-lieu de l'arrondissement; mais la lecture de ces listes soulève à mon
avis une plus utile remarque. Quand la direction des
haras créa une station d'étalons à Fleury-sur-Andelle, les propriétaires et cultivateurs qui se parta-
gent le plateau du Vexin se donnaient rarement
la peine d'envoyer leurs juments à la station de la
vallée. Les soixante à soixante-dix saillies que constatent annuellement les registres de la direction des
haras étaient faites sur les juments qu'avait recen-
sées.M. Bizet, dans le canton de Fleury, particulièrement à Perruel, à Perriers, au Fayel, à Renneville,
à Vandrimare, à Charleval, à Fleury, à Radepont, à
Douville et à Romilly. Aujourd'hui qu'une station
d'étalons est organisée à Étrépagny, les cultivateurs
de la vallée de l'Andelle, imitant les cultivateurs du
plateau du Vexin et reprenant leurs anciennes habitudes, font saillir leurs juments soit par l'étalon autorisé de M. Barrois, à Lorleau, soit par des étalons
du pays, soit par des étalons ambulants. Ainsi le
progrès semble dépendre de la plus ou moins grande
facilité que les cultivateurs trouvent à faire saillir
leurs juments, et l'influence de la Société hippique,
dominante sur le plateau du Vexin, s'affaiblit à
mesure qu'on descend dans les vallées de l'Epte et
de l'Andelle. Il serait donc intéressant que quelque
amateur mît en service à Fleury et aux Andelys un
étalon pur sang ou demi-sang. Je dis à Fleury ou
aux Andelys, car le haras d'Étrépagny exerce une
action suffisante sur les cantons de Lyons et de Gisors.
Ces cantons trouvent d'ailleurs dans l'étalon de

M. Barrois, à Lorleau, et dans les deux étalons pur-
sang de M. de Lagrange, à Dangu, des éléments de
reproduction capables d'alimenter une industrie nais-
sante encore. Dans le canton de Gisors, par exemple,
l'élevage est entré dans les calculs et les goûts de nos
cultivateurs. En 1852, on comptait quarante-six poulains au-dessus de trois ans; en 1855, soixante-seize,
et, depuis que M. de Lagrange, en 1859, à ouvert
au public le haras de Dangu, le chiffre des poulains
paraît être monté à quatre-vingt-dix.

Vous voyez, Messieurs, que dans presque tous les
cantons de l'arrondissement des Andelys se trouvent
tous les éléments nécessaires au perfectionnement
de la race chevaline. Ce qui manque aujourd'hui,
c'est une certaine unité dans le but poursuivi et une
confiance générale dans les résultats de l'entreprise.
De tous les encouragements que peut recevoir dans
la situation présente l'industrie chevaline, aucun ne
me paraît plus opportun et plus efficace que l'orga-
nisation de courses au trot pour les chevaux de
demi-sang; telle a été aussi la pensée de M. le
vicomte du Manoir, lorsqu'il proposa, au mois
de septembre dernier, de fonder avec nous tous,
propriétaires et cultivateurs du Vexin, une société
de courses. J'ai le plaisir de vous annoncer que
cette société, distincte, mais pour ainsi dire
annexée à la Société hippique, s'est constituée à
Étrépagny le 29 octobre 1861. L'administration se
hâtera, j'en suis sûr, de nous prêter son appui; elle
semble aujourd'hui revenue des espérances qu'elle
avait fondées sur les récompenses à décerner aux
chevaux de tout âge; elle réserve, avec raison, ses
primes pour les juments poulinières et pour les éta-

lons; mais il ne faut pas oublier que ces primes sont données à la beauté des formes par des jurys, et les jurys, quelque impartiaux et quelque éclairés qu'ils puissent être, excitent toujours parmi les vaincus des concours des reproches ou des soupçons d'injustice et d'ignorance. Les courses, au contraire, loin de répandre le découragement, stimulent le zèle des éleveurs; elles leur fournissent le moyen d'être jugés par leurs propres œuvres; elles récompensent non pas la forme, mais le fond, et chacun reconnaît que le but de l'élevage est de produire plutôt de bons chevaux que de beaux chevaux. Supposez un hippodrome installé, un programme tracé, des prix proposés; le champ de courses deviendra aussitôt, comme à Caen, à Cherbourg, à Saint-Lo, à Bernay, un véritable marché; et comme la production grandit sans cesse à mesure que les débouchés s'ouvrent, nos cultivateurs produiront d'autant plus et d'autant mieux qu'ils trouveront à moins de frais un prix plus élevé de leurs soins et de leurs peines. Les courses n'exerceront pas une moindre influence sur l'élevage que sur la production. Le poulain, dans le pâtis, recevra un abri nécessaire; on lui donnera une nourriture plus ou moins abondante, suivant qu'il sera destiné à la voiture ou à la selle; on le castrera dans sa première année; on n'accablera pas sa jeunesse par des travaux excessifs et prématurés; on développera en lui, par des soins vigilants, cette obéissance et cette douceur qui prépareront un dressage facile et précoce. Pour tout dire, en travaillant à faire un cheval de course, le cultivateur est certain de faire un cheval excellent; en cherchant la gloire, il trouvera le profit.

Ces réflexions et ces faits sont confirmés par le relevé des prix décernés depuis vingt ans par notre Société d'agriculture à la race chevaline du Vexin. A vrai dire, la Société n'avait pas, avant l'arrêté de 1844, excité par des récompenses spéciales le goût de l'élevage ; mais, comme elle couronnait les plus beaux animaux qu'on lui présentait, elle couronna naturellement des chevaux en même temps que des vaches, des moutons et des porcs. C'est ainsi qu'au concours de Villerets, en 1841, une médaille d'or fut décernée à M. Rémy, cultivateur à Musegros, pour un cheval élevé dans ses écuries. Une autre en 1842, au concours des Andelys, à M. Beudon, de Tourny, et deux autres en 1845, au concours de Lyons, à M. Tillard, de Sainte-Colombe, et Bidault, de Lyons. Mais, après sa réorganisation en 1850, la Société, suivant le mouvement de l'opinion publique, offrit des primes aux plus belles juments et aux plus beaux étalons dans les concours tenus successivement, en 1850, aux Andelys ; en 1851, à Étrépagny ; en 1852, à Tourny ; en 1854, à Fleury-sur-Andelle ; en 1855, à Gisors. Ces concours ont servi d'autant mieux la cause chevaline qu'ils remplissent une période pendant laquelle l'administration se bornait, par les stations de Fleury et d'Étrépagny, à expérimenter, à pressentir l'avenir de la race chevaline dans le Vexin, et se refusait encore à croire le Vexin capable de fournir honorablement un concours de juments poulinières. Après cinq ans de silence, la section des Andelys a repris vaillamment sa tâche ; mais la concurrence redoutable que lui a faite le concours de juments poulinières, ouvert quinze jours avant à Étrépagny, ne nous a pas permis de juger les progrès incontestables qu'a faits dans notre pays la race chevaline depuis dix ans. Nous nous sommes consolés cependant en voyant deux de nos confrères maintenir une supériorité dont ils nous ont déjà donné tant de preuves : M. Coutil, pour les étalons de gros trait, et M. Auguste Hébert, pour les juments, ont continué d'être inscrits les premiers sur la liste de nos récompenses.

En résumé, si l'on veut être juste, il faut tenir compte à l'administration de la vive impulsion qu'elle a donnée à l'amélioration de la race chevaline, et qu'elle a continuée depuis 1844, à travers toutes les révolutions politiques. Mais, si l'on veut distribuer équitablement à chacun sa part d'éloges, il faut donner au Vexin la plus grande. Le caractère propre de la réforme chevaline dans notre pays est précisément la prépondérance des succès particuliers et des efforts individuels sur l'action générale de l'administration. C'est M. Bizet qui provoque, en 1845, l'établissement de la station de Fleury-sur-Andelle; c'est M. de Vatimesnil qui obtient la section d'Étrépagny; c'est M. Lecoulteux qui crée la Société hippique; c'est M. de Lagrange qui ouvre le haras de Dangu; c'est M. du Manoir qui cherche à fonder la Société des courses; c'est nous tous, propriétaires ou cultivateurs du Vexin, qui, par les concours de la Société d'agriculture, par les souscriptions, par l'acquisition d'un grand nombre de belles juments, par un accord unanime de peines et de sacrifices, tentons de placer l'industrie chevaline à ce premier rang que l'industrie agricole a conquis depuis longtemps. Ainsi se fait le progrès. Les petits ruisseaux font les grandes rivières, et le travail de chacun fait la pro-spérité générale.

II — Industrie

Le moment n'est pas bien choisi pour parler de l'industrie du Vexin. Une crise grave et prolongée tient en suspens la solution des plus délicats problèmes. Elle nous donne chaque jour une nouvelle preuve de l'intime solidarité qui unit l'agriculture et l'industrie. L'insuffisance de la récolte, c'est-à-dire pour le cultivateur l'absence de bénéfices, a pesé sur la production et la consommation industrielles. Quand on n'a pas d'argent pour payer son fermage, on n'en a pas pour renouveler son matériel : chacun remet à l'année suivante les dépenses utiles ; chacun travaille à restreindre les dépenses nécessaires. De là un ralentissement marqué dans toutes les opérations commerciales ; de là une baisse progressive dans le prix de la viande. Le pain n'a pas été aussi cher qu'on pouvait le craindre. Grâce à l'activité du commerce, on a comblé le déficit des récoltes nationales par l'importation d'une grande quantité de blés étrangers ; mais, si nos populations ont traversé assez tranquillement la cherté de 1861, le cultivateur, qui n'a pas trouvé dans la hausse de ses denrées une compensation à la faiblesse de ses produits, a été vivement atteint dans ses habitudes et dans ses projets.

Tandis que la France se préparait à subir la rude épreuve d'une crise alimentaire, la guerre d'Amérique est venue tout à coup tarir la source des matières

premières et fermer les débouchés les plus importants. Au même moment, et par un coup inattendu,
le traité de commerce ouvrait la concurrence re-
doutée des matières fabriquées de l'Angleterre. En
tenant compte de la nécessité pour tous les
gouvernements d'améliorer , par la législation,
la condition générale du peuple , on peut regretter,
qu'avec une précipitation inspirée, ce nous semble,
par les besoins de la politique, la France ait été
engagée si mal à propos dans un traité de commerce avec l'Angleterre. On eût pu prévoir le trouble que la guerre d'Amérique allait jeter dans la
situation générale des affaires, et retarder au moins
la solennelle expérience que le gouvernement a cru
nécessaire d'imposer au pays.

Dans cette situation, Messieurs, vous comprendrez
ma réserve. Quoique le concours des Andelys m'y
engage, je résisterai à la séduction de la polémique.
Il ne m'appartient pas de faire seul et à la légère
cette enquête que nos représentants, MM. de Blosseville et Pouyer-Quertier, demandaient récemment à
la justice du Corps législatif. Celui qui cherche le
bien public, sans parti pris, et avec une impartiale
indépendance, ne doit ni exagérer ni dissimuler la
gravité de la crise que traverse l'industrie française.
Interprète scientifique de vos sentiments et de vos
desseins, je me bornerai à examiner avec vous
l'état de l'industrie, non pas au point de vue particulier de la production réelle et annuelle, mais au
point de vue général des éléments de production.
Au lieu de dire ce qu'elle fait, je dirai ce qu'elle pourrait faire. Sous cet aspect, nous trouverons encore

entre le passé et le présent l'objet d'une comparaison intéressante (1).

Industrie du coton. — L'industrie du coton, aujourd'hui la première du Vexin, s'est introduite dans notre arrondissement au milieu même de la Révolution. C'est en 1792 qu'à Fontaine-Guérard, commune de Radepont, une société de négociants de Rouen fit construire une machine hydraulique à carder et à filer le coton. Vers la même époque, M. Morris fondait dans la ville de Gisors cette fabrique de coton et de basin qui passait, en 1800, pour le plus bel établissement du département. Sous la Restauration et le gouvernement de Juillet, de 1820 à 1845, l'industrie prit le plus vif essor. « Voyez, s'écriait en 1845, au concours de Lyons, M. Antoine Passy, voyez s'élever sous vos yeux et avec rapidité ces grandes constructions, remplies d'une population active! Le beau spectacle qu'offrent la vallée d'Andelle et les vallons qui l'entourent n'est-il pas digne de fixer notre attention? Depuis quinze années le nombre des usines n'a-t-il pas doublé ?» Et, en effet, l'industrie de la laine et surtout l'industrie du coton, chassant devant elles les moulins à blé dont les roues battaient depuis un temps immémorial les eaux de l'Andelle, se disputaient déjà avec une noble ardeur toutes les chutes que le cours impétueux de cette féconde rivière accumule à chaque pas.

(1) Je suis heureux de pouvoir remercier ici nos confrères MM. Mettais-Cartier, Lebeurier, Lemonnier et de Boislinard de l'obligeance avec laquelle ils ont bien voulu seconder nos recherches ; je saisis aussi cette occasion de réclamer quelque indulgence pour les erreurs et les omissions que j'ai nécessairement laissé échapper.

La statistique officielle de 1840 est tellement incomplète qu'il ne nous est pas possible de faire entre 1840 et 1861 une exacte comparaison. En 1840, il est vrai, on comptait dans tout l'arrondissement vingt-cinq filatures de coton ; j'en compte également au commencement de 1861 vingt-cinq ouvertes ou fermées, mais la statistique de 1840 ne donne pas le nombre de broches en exercice, et je crois pouvoir affirmer qu'il s'élevait en 1861 à deux cent soixante-trois mille neuf cents :

Fleury-sur-Andelle	30,400
Charleval	40,400
Ménesqueville	10,000
Rosay	2,300
Vascœuil	10,400
Perruel	29,400
Perriers	23,700
Radepont	18,100
Douville	14,500
Romilly	20,000
Pont-Saint-Pierre	49,700
Gisors	15,000
Total	263,900

Je ne doute pas que le nombre des broches exploitées en 1861 ne soit supérieur au nombre des broches exploitées en 1840, et que partant la production, année moyenne, ne puisse être aujourd'hui plus considérable qu'il y a vingt ans.

Pour bien apprécier la situation de la filature, il ne suffit pas de compter le nombre des broches, il faut aussi jeter un rapide coup d'œil sur la nature des métiers. Dans quelle mesure les métiers Mull-Jenny ont-ils été substitués aux métiers dits continus ? En quelques mots je vous ferai sentir l'intérêt de cette question. Les anciens métiers dits continus ont plusieurs inconvénients ; ils tordent les fils de coton, qui dès lors ne conviennent pas pour la trame, et donnent des produits coûteux pour peu qu'on veuille atteindre une certaine finesse. Pour que le filage rémunère le fabricant, il faut que les broches tournent avec une vitesse de cinq à six mille tours à la minute, et si elles tournent avec cette vitesse le fil se rompt, le métier s'arrête, le temps se perd. Produire vite et beaucoup, substituer les forces artificielles de la machine aux efforts musculaires de l'homme, tel est le problème que poursuivent incessamment les mécaniciens de tous les pays, et dont les métiers Mull-Jenny offrent une excellente solution. Les mull-jenny ont d'abord ce premier avantage d'être employés pour toute espèce de numéros et de fils, de fils destinés à la trame comme de fils destinés à la chaîne ; ils ont cet autre avantage de faire le service de l'ouvrier et, par exemple, une des opérations les plus délicates de la filature, le renvidage. Dès lors, l'ouvrier se borne à garnir le métier de bobines, à enlever les fils terminés, à rattacher les fils qui se rompent. Personne ne conteste la supériorité de ces grandes machines de huit cents à douze cents broches, supprimant un homme par métier à filer de cinq cents broches et donnant des produits plus abondants et à meilleur marché.

C'est ici, Messieurs, que je sens toutes les difficultés de ma tâche : n'hésitant pas à louer l'heureuse ardeur de ceux qui ont osé, dans les circonstances les plus graves, renouveler leur outillage, et décidé à ne pas attaquer la prudente réserve ou les secrètes raisons de ceux qui ont gardé leurs anciens métiers. Si la révolution de 1848 n'était pas venue compromettre tous les intérêts et remuer tous les esprits, nos fabricants n'eussent pas hésité à suivre pour les métiers à filer, comme ils l'ont déjà fait pour tant d'autres machines, les perfectionnements que le génie industriel apporte au grand œuvre de la production; ils auraient placé immédiatement et avec confiance leurs capitaux dans des améliorations dont ils étaient sûrs de recueillir les profits. Mais obligés depuis quinze ans de lutter contre les dangers des révolutions politiques et des crises économiques, on conçoit qu'ils aient attendu dans une immobilité funeste une heure de confiance qui ne devait pas arriver. Quelques-uns, au contraire, hardis par l'esprit, puissants par les capitaux, ont choisi notre arrondissement pour le terrain de leurs expériences : à Vascœuil, à Charleval, à Fleury-sur-Andelle, à Rosay, à Pont-Saint-Pierre, les mull-jenny, les renvideurs soutiennent l'honneur industriel du Vexin. A Pont-Saint-Pierre même, à quelques pas des fonderies de Romilly, s'achève un monument tel que l'Europe n'en connaît pas de semblable, une filature qui comprend aujourd'hui quarante mille broches en métiers nouveaux, et qui peut et doit, dans un délai très-prochain, contenir jusqu'à soixante mille broches !

« Sachons, Messieurs, disait M. de Blosseville au concours des Andelys, sachons nous tenir aussi loin des alarmes exagérées que de la confiance illimitée en nous-mêmes.» Espérons que des jours plus heureux luiront pour la filature, et lorsque la fabrique rouennaise aura triomphé de l'épreuve qui l'accable, nous répondrons victorieusement aux détracteurs du génie industriel de la France.

De la filature portons nos regards vers le tissage. Le progrès est sensible : La statistique officielle constatait, en 1840, quatre établissements à Fleury, Radepont, Charleval et Neaufles, contenant huit cent quatorze métiers; en 1861, je trouve sept établissements, à Fleury, Charleval, Romilly et Neaufles, possédant quatorze cent quatre-vingt-quinze métiers. Comme un métier peut faire environ dix mille mètres par an, il en résulte qu'en 1840 on pouvait fabriquer huit millions cent quarante mille mètres de calicots, et en 1861, quatorze millions neuf cent cinquante mille. Filé, tissé, le coton est également blanchi dans notre arrondissement. Le blanchiment de M. Davillier, à Gisors, jouit dans l'industrie rouennaise de la meilleure réputation. En moyenne, on blanchit à Gisors de treize à quatorze millions de mètres de calicots.

Si l'industrie du tissage s'est étendue et perfectionnée, il n'en est pas de même de l'industrie des impressions sur étoffe. On lit dans la statistique de l'an VIII (1800) : « M. Liesse, propriétaire à Charleval, près Lyons, a transféré depuis longtemps dans ce petit bourg une partie de la fabrique de toiles peintes qu'il tenait à Rouen. Il a établi cent tables d'impression et emploie six cents ouvriers. Les détails de sa manufacture, le grand ordre qui y règne et l'importance de ses relations commerciales méritent le plus grand respect. M. Goutan, manufacturier actif, a également formé dans la petite ville de Lyons une

fabrique de toiles peintes. Elle est établie dans le ci-
devant couvent des Cordeliers. » Après soixante ans
d'efforts, l'arrondissement des Andelys se trouve à
peu près dans la même situation qu'en 1800. MM. Daliphart et Cie dirigent à Radepont un établissement
dans lequel on fabrique environ cinq sixièmes
d'indiennes pour ameublement et un sixième d'indiennes pour robes. Il en est de même à Charleval.
En voyant, vers 1840, marcher cinq manufactures
à Charleval, à Radepont, à Fleury et à Touffreville,
on pouvait espérer que cette belle industrie des
impressions sur étoffes allait entrer dans une veine
de prospérité. Il semble, au contraire, qu'elle n'ait
trouvé dans la vallée de l'Andelle que des éléments
éphémères de succès. Peut-être la distance qui sé-
pare le marché et les fabriques, Rouen d'une part
et de l'autre Charleval, Radepont, Fleury, Touffreville, a-t-elle nui à la vente : peut-être a-t-elle arrêté
les acheteurs qui, ne trouvant pas dans les dépôts de
Rouen les marchandises désirées, hésitaient ou se
refusaient à faire le voyage des fabriques de l'Andelle. Cette raison, toute bonne qu'elle soit, n'est
pas la seule. Pour soutenir la rude concurrence
de l'Angleterre, où toutes les matières premières :
combustible, calicot, agents chimiques, sont à des
prix relativement inférieurs, il faut que le fabricant
appelle à son secours la force des capitaux, les lu-
mières de la science, la vigilance de l'administration
et la supériorité du bon goût. Ce sont probablement
ces grandes et nécessaires qualités qui ont permis
à quelques usiniers de Radepont et de Charleval de
résister au courant qui a successivement, et, nous

l'espérons, momentanément, emporté les autres manufactures de Charleval, de Touffreville et de Fleury-sur-Andelle.

Remercions, au nom de la Société de l'Eure, MM. Davillier, à Gisors; Durécu, à Perriers-sur-Andelle; Stœsser, à Fleury; Lachèvre et Daliphart, à Radepont; Peynaud et Hilzinger, à Charleval. Remercions tous ceux qui ont bien voulu envoyer à notre concours leurs plus beaux échantillons de coton brut, filé, tissé, blanchi, imprimé. Assurément, nos modestes récompenses ne valent pas ces belles médailles que dans les expositions universelles nos fabricants ont coutume de remporter; mais elles portent avec elles le souvenir reconnaissant de la Société qu'ils ont aidée et de la foule qu'ils ont instruite.

Industrie de la laine. — Vous savez, Messieurs, que le travail de la laine constitue deux grandes spécialités. Il faut distinguer le travail de la laine fine, courte, vrillée, spécialement propre aux lainages foulés et drapés, et le travail de la laine longue, lisse, soyeuse, spécialement réservée aux tissus. Courtes ou longues, lisses ou vrillées, toutes les laines subissent un certain nombre d'opérations semblables : le dessuintage, le lavage, le dégraissage, le filage; mais elles se distinguent entre elles par une différence capitale. Les premières sont soumises à l'opération du cardage, qui tend à ménager le caractère vrillé et ondulé des fibres et à faciliter leur enchevêtrement régulier, tandis que les secondes sont livrées au peignage, qui cherche à lisser les filaments et, en conservant leur souplesse et leur résistance, à les transformer en fils, puis en étoffes.

Que la laine soit fine ou courte, à carder ou à peigner, elle doit être lavée. L'établissement le plus important de l'arrondissement se trouve à Gisors. M. Mautemps achète en moyenne, dans les environs, cinq mille toisons par an, qu'il lave et revend à Paris et à Reims. Dans la statistique de 1840, l'établissement de M. Mautemps est déjà signalé au double point de vue du lavage des laines et de la mégisserie.

Étudions maintenant l'industrie de la laine cardée. Dessuintée, lavée, teinte, battue, graissée, cardée, la laine est envoyée au mull-jenny pour être filée. La filature de la laine cardée était jusqu'à ces derniers temps fort négligée et regardée comme un accessoire de la fabrication ; mais les progrès de la mécanique et le développement de la production des articles de fantaisie ont apporté des modifications importantes dans les machines à filer la laine vrillée et ont permis de livrer au tissage des fils plus résistants. Filée, la laine est dévidée, ourdie, encollée et enfin tissée.

Nous arrivons à la draperie. La draperie avait fait élection de domicile aux Andelys dès le xive siècle. En 1412, Charles VI rendit une ordonnance pour régler le fait de la draperie dans la ville des Andelys. Avant la Révolution, cette industrie était encore florissante. La statistique de l'an VIII nomme avec les plus grands éloges M. Flavigny, dont les draps fins égalaient à cette époque les plus beaux produits de Reims et de Louviers. En 1840, la draperie des Andelys, représentée par MM. Michel, Gossé, Renard et Dupont, occupait trois cent quatre-vingt-dix-neuf ouvriers et fabriquait annuellement pour une valeur d'environ un million. MM. Michel, aujourd'hui, suivent seuls avec courage et succès les traditions de

la plus ancienne industrie du Vexin. La foule, qui
se pressait au concours des Andelys, n'a pas manqué
d'accueillir avec une faveur marquée la juste récompense décernée à MM. Michel.

Le drap est envoyé au foulage. Le foulage était
jadis une opération d'autant plus importante que la
filature de la laine cardée était plus imparfaite. Le
foulage a pour objet d'unir les fils d'une manière
plus étroite, et d'augmenter la solidité en ménageant l'élasticité des tissus. On atteint ce but en
imprégnant les étoffes d'une dissolution alcaline ou
savonneuse, et en exerçant sur elles une pression
énergique et prolongée. Comme le mécanisme de
cette pression causait un bruit désagréable, exigeait
beaucoup de place, des frais et une force motrice
considérables, les moulins à foulon ont peu à peu
disparu des villes et envahi les vallées voisines des
grandes fabriques de draps. Aussi, avant la Révolution, le cours de l'Andelle en était-il couvert, et
plusieurs documents, entre autres un arrêt du conseil du roi portant règlement de la rivière d'Andelle
le 11 janvier 1757, constatent que le nombre des
moulins à fouler et à battre les draps s'était, au
milieu du xviii⁰ siècle, singulièrement accru. En
1800, dix moulins à foulon, aujourd'hui onze,
tous situés entre Charleval et Romilly, travaillaient et
travaillent encore pour les fabriques de Louviers et
d'Elbeuf. Ces onze établissements contiennent aujourd'hui soixante-quatre machines à fouler et quarante-cinq à dégraisser. Les moulins à foulon ne sont pas
restés en dehors des progrès de la mécanique. Dans
ces dernières années, des combinaisons originales
ont donné lieu à des applications très-utiles.

Venons maintenant au travail des laines peignées. Dessuinter, dégraisser, battre, peigner, telles sont les premières opérations auxquelles sont soumises les laines longues. Je ne rappellerai pas ici l'histoire du peignage de la laine; mais je dois constater, cependant, qu'on se demandait encore, il y a vingt ans, si jamais une machine pourrait remplacer la main de l'ouvrier. En 1845, la peigneuse Heillmann fit une révolution dans l'industrie des laines : c'est elle que M. Pouyer-Quertier a introduite dans notre arrondissement et qui fonctionne à Vascœuil.

Ce n'est pas seulement par le peignage, c'est aussi par le filage que l'industrie de la laine peignée s'est perfectionnée. Toutes les opérations : peignage, défeutrage, laminage et doublage, tortillonnage, filage en gros et filage en fin, dévidage des bobines et écheveaux; toutes les opérations, dis-je, de la filature ont été étudiées à fond et heureusement renouvelées depuis 1816, où on tenta de filer la laine à la mécanique, et particulièrement depuis 1840. On a fait des calculs pour évaluer l'économie obtenue par le perfectionnement des machines et par l'application du mull-jenny à la laine, et on a prouvé qu'une filature de laine peignée coûte en 1861 environ quarante pour cent de moins qu'en 1835, et cinquante pour cent de moins qu'en 1816. Aussi, cette belle industrie a-t-elle pris partout en France le premier rang. En 1840, notre arrondissement ne possédait que deux filatures de laine, toutes deux aux Andelys. Nous en trouvons aujourd'hui cinq : une aux Andelys, les quatre autres dans la vallée de l'Andelle, à Pont-Saint-Pierre et à Romilly. Le travail s'y fait à façon et occupe six mille huit cents broches et environ cent quatre-vingts ouvriers.

A Bernouville, non-seulement on peigne la laine, mais encore on la tisse à la mécanique, en la mêlant à du coton et à un peu de cachemire. Cet établissement compte de vingt-cinq à trente métiers à façon. Il a remplacé une filature de coton qui est signalée dans la statistique de 1840.

Industrie de la soie. — Non-seulement on file dans l'arrondissement des Andelys le coton et la laine, mais encore on file la soie. Le moulinage de la soie est tout simplement l'opération du filage sans étirage. Il s'agit d'abord de dévider sur des bobines des écheveaux de soie grége. Après avoir tordu séparément le fil de chaque bobine, on réunit le fil de deux ou de plusieurs bobines et on dévide le nouveau fil de soie, tordu et doublé sur de nouvelles bobines. Ces doublages et ces torsions ont pour objet d'augmenter la résistance des fils et d'empêcher les brins constituants de la soie grége de se décoller. Enfin on transforme les fils doublés ou triplés, mais toujours tordus en écheveaux : on appelle cette industrie *moulinage*, parce qu'elle est pratiquée par des espèces de moulins tournants.

Il y a trente ans à peine, on disait à propos du moulinage : « *La machine n'est rien, et l'ouvrière est tout.* » Mais, depuis trente ans, on a substitué des moteurs mécaniques aux ouvrières qui tournaient à la main, et les petits ateliers sont devenus de véritables manufactures. Les Andelys possèdent une de ces manufactures, dans laquelle un moteur à vapeur de trois chevaux de force fait marcher deux mille quatre cents broches. Cette manufacture appartient à M. Hamelin, qui possède dans les communes des Andelys, de Muids et de Lisors d'autres ateliers où le moteur est une manivelle à bras. M. Hamelin ouvre des soies teintes ou écrues, pour la mercerie, la ganterie, la passementerie, la blonde, la dentelle, les étoffes, et la supériorité de ses produits lui a mérité des médailles à presque toutes nos expositions. On peut juger du progrès que cette industrie a fait dans notre arrondissement par cette seule remarque : la statistique de 1840 constate que le moulinage de la soie occupait cent cinquante-cinq ouvriers. En 1849, le nombre des ouvriers était porté à trois cents; en 1856, à quatre cents, et en 1861, ce chiffre ne paraît pas s'être affaibli. En définitive, les neuf ateliers consacrés dans l'arrondissement par MM. Hamelin et Chillia au moulinage de la soie comptaient dix-sept cents tavelles et quatre mille trois cents broches.

Industrie du lin et du chanvre. — La révolution qui s'est accomplie depuis quelques années dans l'industrie du lin et du chanvre a passé sans toucher à l'arrondissement des Andelys. D'une part, la culture du lin et du chanvre y est en pleine décadence; de l'autre, la filature à la main n'y a jamais été l'objet d'une industrie spéciale. Aussi n'ai-je à parler ni de filature à la main ni de filature à la mécanique, mais uniquement d'ateliers de corderie et d'une fabrique de toiles de ménage.

Les principaux ateliers de corderie sont aux Andelys, à Écouis et à Gisors, et les cordiers tirent leur matière première de la Champagne, de la Touraine, par l'intermédiaire de commissionnaires domiciliés à

Mantes. Ils emploient environ 18 à 20,000 kilos de chanvre (première et seconde qualité) et vendent toutes leurs marchandises dans le pays.

L'industrie du lin, il y a vingt ans, était exploitée dans notre arrondissement par quelques rares tisserands qui, aux Andelys et à Gisors, fabriquaient et vendaient eux-mêmes leurs toiles. Aujourd'hui, une fabrique de toiles de ménage a été installée à Bernouville, grâce à l'énergie et à l'intelligence de MM. Lhermitte père et fils. MM. Lhermitte achètent les trois quarts de leur fil filé en France, et un quart en Belgique. Ils crèment leur fil eux-mêmes, c'est-à-dire qu'ils blanchissent à moitié avant le tissage et blanchissent ensuite leur toile sur le pré. Ils produisent environ 80 à 90,000 mètres de toile et vendent à Paris, à Rouen et en Bourgogne. Ils ont joint à leur établissement une petite scierie mécanique.

Industrie de la bonneterie, dentelles, ganterie. — Articles de vêtement. — Nous réunissons dans une seule section un grand nombre de petites industries qui ont ce même caractère d'être exercées isolément et de former les diverses branches de l'industrie générale du vêtement.

Depuis quelques années la bonneterie, la confection des bas, les tricotages de laine ont beaucoup perdu de leur importance. On entendait jadis à Notre-Dame-de-l'Isle, à Pressagny-le-Val, à Heuqueville, à Étrépagny, et surtout dans la partie du canton d'Écos qui touche à l'Epte, à Gasny, par exemple, le grincement régulier du métier à bas. Je ne crois pas qu'on puisse aujourd'hui compter plus de vingt-cinq fabricants, c'est-à-dire plus de vingt-cinq métiers.

Chaque ouvrier travaille pour son compte et vend dans les localités voisines le produit de son travail. En général, les objets de bonneterie exposés dans les magasins ou débités dans les foires et les marchés de l'arrondissement viennent de la Champagne, où la main-d'œuvre est moins chère.

On a tenté récemment à Gisors, mais sans profit et sans suite, de fabriquer des chaussons de tresse.

A Étrépagny et à Mouflaines, la couture des gants occupe un grand nombre d'ouvrières : environ douze cents, me dit-on. J'ai peine à croire que ce chiffre ne soit pas exagéré. A Étrépagny, six ateliers réunissaient au 1er janvier 1861 trois cent vingt ouvrières ; à Mouflaines, un autre atelier, vingt-cinq ouvrières. En dehors de ces ateliers, beaucoup d'ouvrières cousent chez elles et sont payées à la tâche. Chaque ouvrière coud en moyenne par an six cent vingt-quatre paires de gants ; elle reçoit par douzaine de paires de gants 2 fr. 75 c. à 3 fr. Les ouvrières ne chôment jamais. La maison Jouvin, de Paris, est à la tête de cette industrie, qui est depuis longtemps solidement établie dans le canton d'Étrépagny.

A Gisors, à Bazincourt, à Bouchevilliers, à Saint-Denis-le-Ferment, à Bézu, à Dangu, les femmes font de la dentelle noire, dite de Chantilly. Le centre de cette fabrication est à Dangu et sur les confins des départements de l'Oise et de l'Eure, à Talmontiers. Un entrepreneur fournit les dessins, fait les commandes, soit à ses risques et périls, soit pour le compte d'une maison de Paris. La crise qui pèse depuis plusieurs années sur tous les objets de luxe a ralenti et presque suspendu ces travaux : à peine une vingtaine d'ouvrières soutiennent-elles cette industrie. Les maris des ouvrières en dentelles sont en général des cultivateurs.

La cordonnerie pour exportation est en voie de prospérité. Elle s'élève dans le canton de Gisors, et particulièrement à Dangu, où quatre-vingts ouvrières travaillent à façon et piquent des bottines. La cordonnerie fine trouve d'excellents ouvriers aux Andelys et à Gisors.

On fait de la tapisserie pour pantoufles et ameublement à Hennezis, à Tourny, à Fleury-la-Folie, à Guiseniers, aux Andelys et dans presque toutes les communes des cantons des Andelys et d'Écos. Trois cents ouvrières au moins se livrent à cette industrie. De même que la maison Jouvin expédie aux ouvrières du canton d'Étrépagny des gants coupés et à coudre, de même la maison Poiret (de Paris) envoie aux ouvrières des cantons d'Écos et des Andelys la laine et les canevas dessinés. Une ouvrière fabrique à peu près cent cinquante à cent quatre-vingts paires de pantoufles par an, et chaque paire de pantoufles rapporte, suivant les dessins, de 1 fr. 25 c. à 2 fr. 50 cent.

A Charleval, une douzaine d'ouvriers confectionnent des casquettes pour le commerce.

Une industrie fort intéressante et sur laquelle je puis donner quelques détails, grâce à l'obligeance de notre confrère M. Lemonnier, de Touffreville, est la saboterie de la forêt de Lyons. Elle emploie environ deux cent quarante ouvriers, dispersés au Tronquay, à Touffreville, aux Hogues, etc. Un tiers travaille à son compte, les deux autres tiers au compte d'un entrepreneur. Cet entrepreneur les embauche pour un an, leur fournit le bois et les paye à la tâche. Ordinairement l'entrepreneur donne 40 fr. de la grosse de sabots. Cette grosse se compose de cent soixante paires. Une paire de sabots subit trois façons différentes et exige trois sortes d'ouvriers : l'un taille, l'autre creuse, le troisième repasse. Ces trois ouvriers fabriquent en moyenne par an quarante-cinq grosses, c'est-à-dire sept mille deux cents paires de sabots. Comme on compte en ce moment environ deux cent quarante sabotiers, la production totale de la saboterie de Lyons serait au moins de cinquante-sept mille six cents paires de sabots. Les trois quarts de ces sabots sont vendus à des marchands en gros de Rouen, qui les achètent blancs, les façonnent encore, les noircissent et les revendent en détail dans les départements de la Seine-Inférieure, de l'Eure, de Seine-et-Oise de l'Oise, de la Manche et de la Somme. L'autre quart se place assez régulièrement dans les diverses communes de l'arrondissement. Lorsque cette industrie se trouve dans des conditions ordinaires et favorables, le tailleur et le creuseur gagnent 2 fr. 70 c. par jour, et le repasseur, qui est presque toujours une femme, 1 fr. 20 c.

A Gasny, la fabrication des peignes occupe environ dix ouvriers.

Nous regrettons vivement que ces diverses industries n'aient pas envoyé au concours des Andelys un échantillon de leur fabrication. Les tapisseries d'Hennezis et de Tourny, les dentelles et les bottines de Dangu et de Gisors, les gants d'Étrépagny, les casquettes de Charleval, les sabots de la forêt de Lyons méritaient de figurer au premier rang dans l'exposition des produits de notre arrondissement.

Industrie des cuirs. — L'industrie des cuirs a toujours été, même avant la Révolution, une branche importante du commerce de l'arrondissement des Andelys; toutefois, elle a perdu les deux tiers des établissements qu'elle employait il y a cinquante ans. J'en mets sous vos yeux le tableau en 1789, en 1800 et en 1861 :

		1789	1800	1861
ANDELYS.......	Tanneries..........	6	4	3
	Tanneries-corroieries	2	2	1
	Corroiries..........	2	3	»
	Mégisseries.........	2	1	»
GISORS.........	Tanneries.........	3	3	»
	Tanneries-corroiries.	1	1	1
	Corroiries..........	4	2	»
	Mégisseries........	6	8	1
	Parchemineries.....	1	1	»
SAINT-PAER....	Chamoiseries.......	»	»	1
LYONS.........	Mégisseries.........	2	2	1
	Tanneries..........	»	1	1
PONT-ST-PIERRE.	Tanneries..........	»	»	1

Quelle est la cause de cette décadence et d'où vient que l'industrie des cuirs est tombée de la situation florissante où elle semblait s'être élevée au moment de la Révolution? Il est difficile de le dire. D'abord, le tableau statistique que je vous soumets doit faire illusion, si ce n'est sur le nombre, au moins sur l'importance des tanneries en 1789 et en 1800. Il suffisait que de simples ouvriers préparassent alors des cuirs où des peaux à leur compte pour qu'ils prissent le titre de tanneurs et de corroyeurs. Peut-être ces ouvriers, sans capitaux, effrayés ou ruinés par le prix des peaux brutes, prix qui resta fort élevé pendant tout l'Empire, renoncèrent-ils peu à peu à une industrie dont les profits étaient presque nuls. — Peut-être le souvenir de ces petites déconfitures a-t-il pesé longtemps sur la tannerie, la corroirie, la mégisserie des arrondissements de Louviers et d'Andelys. Si nous sommes bien informés, les Andelys et Louviers n'abandonneront pas à Vernon et à Pont-Audemer les bénéfices d'une industrie qu'ils ont jadis si heureusement exercée.

L'industrie des cuirs comprend diverses opérations. La première est le tannage. On sait que les peaux sont formées d'une matière animale qui se putréfie au contact de l'eau. Le tannage a précisément pour objet de combattre cette putréfaction. On place dans une fosse des couches superposées de tan et de peaux ; on couvre la fosse de planches et on verse de l'eau ; l'eau dégage le principe du tannin et le porte sur les peaux, qui deviennent des cuirs. Les éléments de production dans le tannage sont donc les peaux, le tan et la largeur des fosses.

Jadis les peaux du département ne suffisaient pas au tannage, et aujourd'hui encore on importe une assez grande quantité de peaux de Hollande, d'Allemagne et d'Amérique. Dans l'arrondissement des Andelys, la tannerie s'alimentait et s'alimente surtout par des marchés avec les bouchers des environs. Je vois dans la statistique de 1852 que le nombre des animaux abattus à cette époque dans l'arrondissement s'élevait à six mille huit cent soixante-dix : bœufs, deux mille ; vaches, deux mille deux cent

douze; veaux, trois mille six cent cinquante-six.
Je suis porté à croire que le nombre des peaux
tannées est égal au nombre d'animaux abattus, et
que les bouchers de l'arrondissement pourraient
suffire aux besoins de la tannerie.

Les tanneurs achètent ordinairement dans les bois
voisins l'écorce de chêne qui leur est nécessaire.
Cette écorce est ensuite broyée dans des moulins
dont un travaille à Gisors, un à Lyons, un aux Andelys. La machine à broyer des Andelys est mise
en mouvement par une pompe à feu de sept chevaux. La largeur des fosses et des cuves paraît être :
aux Andelys, de cinq cent quatre-vingt et un mètres
cubes; à Lyons, de vingt-sept; à Pont-Saint-Pierre,
de vingt-neuf; et à Gisors, de cent trente-huit; total :
sept cent soixante-cinq. Dans ces derniers temps, on
a essayé de tanner par des procédés nouveaux; mais
il paraît démontré que tous les agents chimiques employés pour remplacer l'écorce de chêne et diminuer
la durée du tannage n'ont pas la propriété d'absorber
complétement la gélatine et de donner aux peaux
la souplesse des anciens cuirs.

Après la tannerie, la corroirie. La corroirie se
soutient et prospère surtout aux Andelys et à Gisors.
Aux Andelys, MM. Meurdrac, Milon et Ozanne; à
Gisors, M. Paillard préparent avec succès les cuirs
pour harnais, les courroies pour filatures, les cuirs
vernis, les tiges de bottes. Les corroyeurs du Vexin
vendent dans le Vexin, à Rouen et à Paris.

A Gisors et à Lyons, deux mégisseries.

La chamoiserie ne compte qu'un seul établissement :
à Saint-Paër. Ce moulin à chamoiser marche avec
sept piles.

Métallurgie. — Quoique la constitution géologique du sol ne fournisse pas d'éléments à l'industrie métallurgique, l'arrondissement des Andelys possède plusieurs établissements très-considérables. La fonderie et le laminage du cuivre exploitent les usines de Romilly et de Dangu : le laminage et le martelage du zinc, les usines de Dangu, de Tierceville, de Saint-Denis-le-Ferment et de Saint-Paër.

Les fonderies de Romilly ont été fondées en 1782, par M. Camus de Limare. La statistique officielle de 1800 contient la description et pour ainsi dire l'inventaire de tous les fourneaux, machines et appareils nécessaires pour la fonte, le laminage et l'affinage du cuivre. Les rapports du jury central dans les expositions de 1849 et de 1855 constatent que ces usines avaient pour moteurs des chutes d'eau d'une force effective de deux cent vingt chevaux, et, pour instruments de production, trois laminoirs, trois marteaux, une tréfilerie et un grand nombre de fourneaux. Aujourd'hui, les usines de Romilly possèdent seize laminoirs, six marteaux, dont deux à vapeur et quatre hydrauliques, une tréfilerie et de nouveaux ateliers pour la construction de tuyaux soudés et de tuyaux étirés sans soudure. Les matières premières étaient avant la Révolution tirées de la Suède, de l'Allemagne, de l'Angleterre, de l'Afrique, de l'Asie Mineure et même du Pérou. L'Amérique fournit aujourd'hui beaucoup plus de cuivre qu'elle n'en fournissait en 1800. En 1789, les fonderies de Romilly employaient deux cents à deux cent cinquante ouvriers; en 1800, cent vingt; aujourd'hui, de trois cents à trois cent cinquante. Les fonderies de Romilly avaient été depuis 1782 dans les mains d'une société; récemment, M. L. Létrange les a louées et réunies aux usines de Saint-Denis et du Havre. Cette grande affaire paraît conduite avec une rare habileté, et nous ne doutons pas que la maison L. Létrange et Cⁱᵉ ne soutienne la vieille réputation de Romilly. Si nous regrettons que les usines de Romilly n'aient point envoyé à notre modeste concours des Andelys quelqu'une de ces belles pièces de cuivre dont l'industrie française se fait gloire, nous espérons, du moins, qu'à la prochaine exposition de Londres le Vexin, par les mains de M. Létrange, recevra cette grande médaille qui lui a toujours été décernée.

L'usine de Dangu, exploitée par M. Garnier et habilement dirigée par M. Boudard, mérite d'autant plus notre attention que le jury du concours des Andelys lui a décerné la médaille d'or de l'exposition industrielle. Cette usine, consacrée à la fonderie et au laminage du cuivre et du zinc, marche avec trois moulins à eau, quatre laminoirs et quinze machines. Soixante-dix ouvriers suffisaient en 1840 à son exploitation; aujourd'hui, malgré la crise qui pèse depuis si longtemps sur la métallurgie, soixante-quinze ouvriers font encore le service de l'usine. A l'exposition universelle de 1855, M. Garnier avait remporté une deuxième médaille pour des tuyaux en cuivre étiré sans soudure qui conduisent supérieurement la vapeur. Au concours des Andelys, le jury n'hésita pas à décerner à M. Garnier la médaille d'honneur.

Les établissements consacrés au laminage et au martelage du zinc n'ont pas une pareille importance : à Bazincourt, l'usine de M. d'Arlincourt; à Saint-Paër, l'usine de M. Lefebvre; à Saint-Denis-le-Ferment, l'usine de M. Delmas ne possèdent qu'une paire de cylindres : ce qui suppose, en moyenne, le travail de vingt ouvriers. L'usine de M. d'Arlincourt, à Tierceville, près de Gisors, livra au commerce en 1849 des feuilles de zinc pur ou des feuilles revêtues d'un enduit de cuivre, de laiton, d'étain ou de plomb. Ces zincs, laminés et enduits de métaux moins oxydables par des procédés galvanoplastiques, sont la spécialité de l'usine de Tierceville. La compagnie de la Vieille-Montagne domine cette partie de l'industrie métallurgique du Vexin. Elle possède sur les confins même de notre arrondissement, dans la vallée de l'Epte, l'important établissement de Bray, et livre du travail à façon aux usines de Bazincourt et de Saint-Paër.

Industrie agricole. Fabrication de denrées alimentaires. — Je serais bien tenté, Messieurs, de revenir sur la fabrication des instruments agricoles, sur l'établissement de M. Pinel, au Thil, et sur les distilleries de MM. Bénard, à Guitry ; Saintard, à Farceaux ; Auguste Hébert, à Villers, et Narcisse Hébert, à Cantiers. Mais le temps et l'espace me font à la fois défaut. Laissez-moi seulement vous entretenir quelques instants de la meunerie, qui est une branche importante de l'industrie agricole.

Dans le temps où l'état des voies de communication s'opposait au transport des denrées, il était tout naturel de construire des moulins sur les cours d'eau qui environnent le Vexin normand : les cultivateurs portaient leurs blés aux marchés locaux, les vendaient aux meuniers, qui les écoulaient soit dans le pays, soit à Rouen, soit à Paris. De 1830 à 1840, la meunerie fut très-florissante, et, en effet, la statistique de 1830 cite, debout et travaillant, cent vingt moulins à blé (cent sept à eau et treize à vent), occupant deux cent soixante - dix personnes et fabriquant annuellement une valeur en farines de 8,689,343 fr. Il ne reste aujourd'hui que quatre-vingt-sept moulins, quatre-vingt-trois à eau, marchant avec cent cinquante paires de meules, et quatre moulins à vent. Au premier abord, la suppression de vingt-trois moulins, en vingt ans paraît un événement considérable, et l'on peut se demander si la proportion entre la statistique de 1840 et celle que je tente d'établir en 1861 est parfaitement exacte. Peu importe. Il est certain qu'un grand nombre de moulins à vent ont disparu, que sur le cours de l'Andelle des moulins à blé ont été transformés en moulins à foulon ou en filatures; et qu'enfin partout, dans chaque canton, quelques petits meuniers ont été ruinés par la redoutable concurrence des moulins montés à l'anglaise. Les meules à l'anglaise font beaucoup plus vite la même quantité d'ouvrage, et les machines à vapeur, dans les grands moulins, rendent le travail incessant et évitent tout chômage. Ainsi s'explique la baisse considérable qui s'est produite sur la valeur des moulins dans toute la Normandie.

C'est le canton de Gisors qui est demeuré le plus meunier de tout l'arrondissement. Il compte dix-neuf moulins et quarante et une paires de meules. A Gisors et à Hébécourt, deux moulins ont chacun quatre paires de meules; à Gisors, Bézu-Saint-Éloi, Menneville, Mesnil-sous-Vienne, cinq moulins en ont chacun trois. Bézu-Saint-Éloi a trois moulins et Saint-Denis-le-Ferment quatre.

Le canton des Andelys suit le canton de Gisors. Le commerce des Andelys consistait au moyen âge en farines et en draps, et, dès le XIIIe siècle, nous voyons établie sur le Gambon une suite de moulins importants. La plaine du Vexin envoyait ses blés sur le marché des Andelys, et la Seine emportait ses farines. Dans une pièce du Trésor des Chartes datée de l'an 1308, le roi Philippe le Bel donne à Robert du Four la ferme de cinq moulins à blé qu'il possédait au Grand et au Petit-Andely. Dans d'autres documents nous trouvons des rentes assises sur les moulins des Andelys, en 1412 et en 1416, au profit de Mathieu de Trie, chanoine de Paris, et de Guillaume de Trie, chevalier. Je rapporte ces faits, en passant, pour montrer que la meunerie comme la draperie sont les deux plus anciennes industries du Vexin et que toutes deux ont fait depuis des siècles la fortune des Andelys. Aujourd'hui encore la meunerie des Andelys a une véritable réputation sur le marché des farines. Elle a des moyens de production très-puissants : quatorze moulins mouvant trente-cinq paires de meules.

Après Gisors et les Andelys se place le canton de Lyons, qui compte seize moulins et vingt et une paires de meules. En général, les moulins du canton de Lyons ne sont pas des moulins de spéculation et de commerce. A Lyons un seul moulin a trois paires de meules ; à Lyons et à Bézu-la-Forêt, trois moulins ont chacun deux paires de meules. Tous les autres n'en ont qu'une ; ils travaillent à façon et pour les boulangers des environs.

Le canton de Fleury a perdu plusieurs de ses moulins à blé. La grande industrie y règne en maîtresse souveraine. Treize moulins et vingt-trois paires de meules.

Le canton d'Ecos se divise en deux régions. Dans la partie supérieure, sur le plateau, à Tourny, à Forêt-la-Folie, à Mézières, on trouve encore des moulins à vent sans importance; mais dans la vallée, sur les bords de l'Epte, la meunerie est installée dans d'importantes usines; à Giverny, deux moulins avec trois paires de meules; à Berthenonville, à Damps-mesnil, à Gasny, à Fourges, à Giverny, cinq moulins chacun avec deux paires de meules; en résumé, dix moulins avec dix-neuf paires de meules.

Le canton d'Étrépagny, placé sur le plateau même du Vexin, et célèbre par ses bonnes terres à blé, ne compte que six moulins et neuf paires de meules.

En somme, la valeur des moulins a baissé; le nombre en a diminué; mais, comme les moyens de production se sont perfectionnés, la valeur des produits a dû rester à peu près la même.

Parmi les denrées alimentaires que l'arrondissement des Andelys prépare et fabrique, je citerai par exception le chocolat. M. Dupérier, d'Étrépagny, a exposé à notre concours des Andelys diverses qualités de chocolats excellents qui lui ont valu une de nos médailles. A Gasny, M. Vedize se livre à la même industrie. Dans son moulin, muni de quatre machines à cylindre, il fabrique environ dix-huit mille kilos de chocolat.

Industrie du bâtiment. — Toutes les industries qui touchent de près ou de loin à l'industrie du bâtiment ont pris un développement considérable. Le progrès de la richesse publique a répandu dans toutes les classes de la société le goût du bien-être. De toutes parts s'élèvent dans nos campagnes des maisons saines et jolies et, peu à peu, disparaissent les cabanés bâties de torchis et couvertes de chaume. Depuis trente ans le tiers des constructions urbaines et rurales a été renouvelé; aussi ne nous étonnerons-nous pas de rencontrer en pleine activité dans toutes les parties de l'arrondissement, les carrières, les fabriques de plâtre, de chaux, de briques et de tuiles. La statistique de 1840, qui garde sur tous ces points un silence complet, signale la carrière de pierres de Vernonnet; mais elle oublie de mentionner plusieurs autres carrières ouvertes et exploitées, sept dans le canton des Andelys, sept dans le canton de Fleury-sur-Andelle, et une dans le canton de Lyons. A chaque carrière travaille un ou deux ouvriers.

La pierre à chaux se trouve partout et abondamment; aussi comptons-nous vingt-trois fours à chaux. Le canton de Fleury-sur-Andelle possède soixante-quatorze mètres cubes de fours; Écos, quarante-cinq; Lyons, vingt-sept; les Andelys, dix-neuf; Étrépagny, quatorze, et Gisors, huit. Ces chiffres nous révèlent l'importance respective des cantons au point de vue des constructions nouvelles. Il faut cependant noter que le canton d'Écos travaille, non-seulement pour lui, mais pour les cantons d'Étrépagny et des Andelys.

La fabrication du plâtre ne se règle pas sur la consommation locale, mais sur la plus ou moins grande facilité à se procurer la matière première. Les Andelys se présentent avec deux cent quatre-vingt-seize mètres cubes de fours; Écos, soixante; Lyons, trente-trois; Fleury, vingt-six. En effet, la pierre à plâtre arrive, par la Seine, aux Andelys, à Vernon, à Pont-de-l'Arche, s'arrête aux Andelys, remonte le cours de l'Epte et de l'Andelle, mais ne pénètre pas jusqu'à Gisors et Étrépagny. Le plâtre qu'on emploie dans ces deux cantons, surtout dans le canton de Gisors, vient en sacs, tout préparé, tout broyé, des environs de Marines et de Pontoise.

Nous avons vu que la statistique des fabriques de chaux met en première ligne le canton de Fleury. La statistique des briqueteries nous donne le même résultat. Notons seulement que l'élément de production ne peut plus être la capacité du four, mais l'ouvrier. La briqueterie occupe quarante-quatre ouvriers dans le canton de Fleury, quarante et un dans le canton des Andelys, dix-sept dans le canton d'Écos, seize dans le canton de Gisors, dix dans le canton d'Étrépagny et six dans le canton de Lyons; total : trente-trois briqueteries et cent trente-quatre ouvriers. M. Genelle, à Tourny, et M. Dupont, à la Vacherie, ont, au concours des Andelys, exposé des briques et carreaux qui ont paru excellents.

Les briques d'Amfreville-sous-les-Monts avaient en 1800 et ont conservé la réputation d'être infusibles.

Les tuileries sont plus rares que les briqueteries : on en trouve quatre dans le canton de Gisors (Neaufles, Dangu et Noyers), occupant dix-neuf ouvriers ; deux dans le canton d'Écos , à Bois-Jérôme-Saint-Ouen; et une dans le canton de Lyons, aux Hogues.

Industrie du verre. — Je citais à l'instant parmi les plus anciennes industries du Vexin la meunerie et la draperie. Je ne dois pas oublier la verrerie de la Haye, près Bézu-la-Forêt, qui date du xvᵉ siècle. A la Révolution, un grand nombre de verreries disparurent. La verrerie des environs de Bézu résista. Elle était parfaitement placée pour avoir à bon compte et le bois et les terres, qui sont les instruments et la matière première de cette industrie. Aussi n'a-t-elle jamais cessé de fabriquer des verres à vitre et des verres à bouteilles, et de placer avantageusement ses produits dans le Vexin et même à Paris.

Industrie du bois. — Le bois est depuis vingt ans l'objet d'un commerce très-actif. Les défrichements considérables dont l'arrondissement des Andelys a été le théâtre ont donné lieu à de nombreuses spéculations. La statistique de 1840 ne mentionne pas une seule scierie, et j'en compte sept aujourd'hui. La scierie mécanique du Petit-Andely marche avec six lames verticales et une lame circulaire. Elle prend les matériaux de sa fabrication dans les bois des environs et même dans les bois du Nord que la Seine apporte. La scierie de Lyons possède trois lames. Elle coupe et prépare ces boîtes peintes dont la production s'élève en moyenne à douze mille par an, et que Lyons débite à vingt lieues à la ronde. Les scieries de Charleval, de Sainte-Geneviève-lès-Gasny, de Gisors et de Bernouville ne possèdent qu'une seule lame.

Industrie du papier. — La papeterie a quitté les bords de l'Andelle pour les bords de l'Epte. L'usine de Vascœuil est fermée, et une nouvelle usine s'est élevée à Château-sur-Epte. Elle a une paire de cylindres pour broyer les chiffons et une machine pour fabriquer le papier. Elle emploie environ douze ouvriers. La papeterie de Neaufles est une succursale de la papeterie de Château-sur-Epte.

Trois imprimeries : deux aux Andelys, une à Gisors. M. Lelièvre, imprimeur aux Andelys et propriétaire-éditeur du *Journal des Andelys*, a exposé au dernier concours des spécimens de son industrie.

Le jury lui a décerné une médaille. A Gisors, M. La-pierre, propriétaire-éditeur du journal *le Vexin*, exploite une imprimerie très-occupée.

Industrie des produits chimiques. — On fabrique à Fleury-sur-Andelle, dans l'usine de MM. Lepage et Desvaux, les produits chimiques suivants : acide pyroligneux, pyrolignite de fer et d'alumine, acétate d'alumine. L'usine emploie quinze ouvriers. Elle est servie par une roue hydraulique. Elle vend la plus grande partie de ses produits aux fabriques d'indiennes de Rouen et de la vallée d'Andelle. Elle vend directement aussi aux teinturiers.

Aux Andelys, à Écouis, à Gisors, à Fleury, on fabrique une assez grande quantité de chandelles.

Industrie de luxe. — La carrosserie et l'ébénisterie des Andelys jouissent d'une certaine réputation dans le Vexin. Si nous en jugeons par les voitures et les meubles exposés par MM. Morin jeune et Lefèvre, elles ne manquent ni de solidité ni d'élégance.

Gisors et les Andelys ont eu successivement des sculpteurs sur bois fort habiles. Les statues de Turnèbe et de Poussin, de Benserade et de Thomas Corneille, improvisées en quelques jours pour orner la salle de l'exposition, ont réuni tous les suffrages. M. Étienne n'a cependant donné dans ces remarquables ébauches qu'une faible idée de son talent.

M. l'abbé Cordier a remporté au concours d'Alençon une grande médaille pour un nouveau système d'orgues-harmoniums à claviers. Une fabrique s'est établie à Hacqueville, sous la raison sociale Chaplain et Cie, dans le dessein d'exploiter le brevet de M. l'abbé Cordier. Elle occupait environ quinze ouvriers. Depuis un an elle a été transférée aux Andelys. M. Chaplain a reçu une médaille à notre dernier concours.

A Dangu, deux fabriques de dominos. La première produit annuellement, en moyenne, deux mille quatre cents jeux de dominos, avec mille soixante kilos d'os et de laiton et cinq cents kilos d'ébène. La deuxième produit trois mille six cents jeux, avec mille six cents kilos d'os et de laiton et sept cent cinquante kilos d'ébène. Total : six mille jeux de dominos. Les dominos de Dangu sont très-recherchés.

Les plus beaux tableaux de notre temps ont été peints avec les pinceaux de Mme Fillion. En se retirant du commerce, Mme Fillion a livré son secret à sa famille. On vient encore à Dangu chercher les pinceaux de Mme Fillion.

Deux mots suffiront pour me résumer. Veuillez jeter les yeux sur la carte industrielle de notre arrondissement. A peine le chemin de fer de Paris à Rouen ouvre-t-il de nouveaux débouchés que les deux vallées de l'Epte et de l'Andelle, qui viennent s'appuyer sur la Seine et le chemin de fer, l'une à Vernon, l'autre à Pont-de-l'Arche, se couvrent de nouveaux établissements. Remontez le cours de l'Epte : à Sainte-Geneviève s'organisent des scieries mécaniques ; à Gasny, une fabrique de chocolats ; à Château-sur-Epte, une papeterie. Remontez l'Andelle : à Romilly, de nouveaux ateliers, de nouveaux laminoirs de cuivre ; à Radepont, la manufacture monumentale de M. Levavasseur. Partout apparaissent les signes manifestes d'une grande activité industrielle. Tournez maintenant vos regards vers les cantons de Gisors, de Lyons, d'Étrépagny : rien n'est changé. Entre le nord et le midi de l'arrondissement, l'un calme, l'autre agité ; celui-ci vivant sur les traditions du passé, celui-là essayant les espé-rances de l'avenir ; la ville des Andelys semble tenir la balance. Perdant successivement trois fabriques de drap, deux filatures de laine, une filature de coton, elle maintient par la meunerie, la tannerie et l'industrie de la soie les mêmes conditions de travail et de production. Le mouvement des affaires, qui paraît dans le premier abord s'y être ralenti, n'a fait que changer de direction, et le mélange contradic-toire de progrès et de décadence dont elle nous offre le spectacle est l'image assez fidèle de la situa-tion industrielle de tout l'arrondissement.

Si nous envisageons en elle-même l'industrie du Vexin, nous ne pouvons nous dissimuler que depuis vingt ans elle a parcouru des voies différentes et poursuivi des succès nouveaux. Ainsi nous avons vu des cultures et des industries se maintenir, s'ac-croître ou disparaître. La draperie, par exemple, la meunerie, l'impression sur étoffes ont perdu la place que l'industrie agricole, l'industrie de la soie, de la laine, du bois, du bâtiment ont gagné. Quant aux indus-tries du coton, des métaux et des cuirs, elles sont de-meurées presque immobiles. Peut-on dire, cependant, que l'industrie ait en général suivi le mouvement que les progrès de la richesse et l'habileté des cultiva-teurs ont imprimé à l'agriculture ? Peut-on dire que le Vexin consacre à l'industrie plus de travail, plus de capitaux, plus d'efforts qu'il n'en consacrait il y a vingt ans ? Je suis tenté de l'affirmer, et je n'ose. La crise à laquelle toute la fabrique rouennaise est en proie suffirait seule pour me commander la prudence, si je n'y étais convié par le défaut de notions statistiques et le respect de la vérité. Je répèterai seulement ce que tout le monde sait et pense : je répèterai que chacun, dans le Vexin, espère, attend, craint, travaille, bien décidé à lutter pour la défense de ses intérêts et pour l'honneur de son pays.

Je ne me dissimule pas combien est tout à la fois longue et incomplète la revue que je viens de passer avec vous des forces productives de notre arrondissement ; mais je veux croire, Messieurs, que vous tiendrez compte de la difficulté d'un travail aussi neuf que délicat. Si j'ai dignement répondu à votre bienveillant appel ; si j'ai pu relever à vos yeux le rôle qu'a toujours joué dans le Vexin la Société d'agriculture de l'Eure ; si j'ai pu vous montrer qu'après avoir beaucoup fait il vous reste plus encore à faire ; que les temps sont difficiles, très-difficiles, et demandent un redoublement d'ardeur, de courage et d'activité ; qu'enfin avec cette ardeur, avec ce courage, avec cette activité, vous sortirez victorieux de l'épreuve où les événements nous ont jetés ; soyez certains, Messieurs, que je me tiendrai pour heureux et récompensé.

(Extrait du *Recueil de la Société libre de l'Eure*,
3ᵉ série, tome VII, année 1861-1862.)

www.ingramcontent.com/pod-product-compliance
Ingram Content Group UK Ltd.
Pitfield, Milton Keynes, MK11 3LW, UK
UKHW021430090726
13657UKWH00003B/1003